Wolfgang Neutzler und Barbara Rosa Storb

AYURVEDA DAILY

Einfach, schnell & regional

Herzel®
Gewürze aus Leidenschaft – seit 1948

Mit freundlicher Unterstützung der Firma Herzel
– Gewürze aus Leidenschaft – seit 1948
www.herzel.de

BLOOM'S

INHALTSVERZEICHNIS

Gut zu wissen!

Die meisten Gerichte lassen sich leicht für Vegetarier und Veganer abwandeln. Und viele Rezepte sind von vorneherein oder durch die Verwendung der Ersatzstoffe laktose-, gluten- und fructosefrei.

WARUM DIESES BUCH?

GEHEIMNISVOLLES AYURVEDA

Sehen Sie das auch so? Wollten Sie schon immer mal mehr über Ayurveda wissen? Berichte anderer über entspannende und heilsame Erlebnisse mit Ayurveda faszinieren Sie? Genussreiche und gesunde Ernährung ist Ihnen wichtig? Aber gleichzeitig scheuten Sie den Aufwand, sich mit diesem Thema auseinanderzusetzen? Zu aufwändig erschien es Ihnen, dafür erst nach Indien oder Sri Lanka fahren zu müssen?

Genau das ist der Grund, warum wir dieses Buch gemacht haben. Überzeugt von dem, was Ayurveda uns bieten kann, wollen wir möglichst vielen Menschen einen Zugang zu dieser faszinierenden Welt ermöglichen. Wir wollen aufzeigen, dass ayurvedische Lebensweise, die mit der gesunden Ernährung anfängt, gar nicht übermäßig aufwändig sein muss. Und was ganz wichtig ist, sie lässt sich auf wunderbare und einfache Weise hier in unseren Kultur- und Lebenskreis integrieren. Denn wir greifen im Wesentlichen auf unsere heimischen Produkte, auf unsere Feld- und Gartengemüse, auf unsere hier vorkommenden Kräuter und Früchte zurück.

Genau wie Hildegard von Bingen, die bereits im Mittelalter bei uns in Europa ähnliche Ansätze nutzte. Sie ist uns ein großes Vorbild, Ayurveda regional zu interpretieren. Einzig bei den Gewürzen wird es exotisch – mit Mischungen, die sich in der ayurvedischen Küche Asiens bewährt haben. Diese kann man selbst herstellen. Wer es aber einfacher haben möchte, erhält im Handel die bereits fertig zusammengestellten und durchaus empfehlenswerten Masalas (siehe S. 8ff).

All dies vermitteln wir seit mehreren Jahren in AYURVEDA PUR in Gundelfingen / Donau. Hier im Rosenschloss kann man nach ayurvedischen Prinzipien kuren, Stress abbauen, seinen Stoffwechsel in Gang bringen und entschlacken. Viele Gäste kommen aber auch, um sich endlich einmal Zeit für sich und ihr Wohlergehen zu nehmen und „der Welt da draußen für einige Zeit zu entfliehen". Von Anfang an sind sie von unserem ayurvedischen Essen begeistert. Und wer möchte, kann neben den wohltuenden Massage-Anwendungen und dem bunten Rahmenprogramm im Rosenschloss einen intensiven Blick in unsere Küche werfen. Die meisten erstaunt es, wie einfach und schnell die Zubereitung vieler Speisen geht! Dabei haben die Gäste die Wahl, ob sie uns beim Kochen nur über die Schulter schauen oder gleich mitmachen, wie auch bei unseren Ayurveda-Kochkursen in der Schlossküche.

Dies alles ist seit Jahren Basis für die Nachhaltigkeit unserer Arbeit. Das zeigt sich auch in den vielfältigen Seminaren der Ayurveda-Schule im Rosenschloss mit Wolfgang Neutzler. Wir wollen unseren Gästen nicht nur ein paar wundervolle Tage bescheren, sondern sie erhalten während ihres Aufenthaltes mit AYURVEDA PUR viele alltagstaugliche Tipps und, wer will, auch Anstöße für eine nachhaltige Lebensverbesserung.

Im besonderen Schlossambiente sorgt unser ganzes Team dafür, dass die Zeit im Rosenschloss für unsere Gäste zu einem bleibenden Erlebnis wird. Oftmals berührt unsere Art des Seins ihre Herzen und motiviert sie, Ayurveda in ihr Leben zu integrieren.

Wir sind der Überzeugung, Ayurveda ist für jeden da. Und Ayurveda ist ein exzellentes Gesundheits-Vorsorgesystem. Damit nun auch die Ayurveda-Ernährung leicht in den eigenen Alltag integriert werden kann, haben wir die „25-Minuten-Ayurveda-Küche" durchs Jahr entwickelt. Wir nennen sie liebevoll „unsere Ratz-Fatz-Küche".

Und die stellen wir Ihnen mit diesem Buch vor: einfach, schnell und regional, für Einsteiger und Erfahrene, für Neugierige und Weltenwanderer, für Suchende und Überzeugte. Erleben Sie, wie Sie mit unseren regionalen Zutaten, Kräutern und Gewürzen unaufwändig kochen und dennoch Genuss und Gesundheit steigern können.

Viel Spaß dabei wünschen Ihnen
Wolfgang Neutzler und Barbara Rosa Storb

AYURVEDA WISSEN VOM LEBEN

DIE JAHRESZEITEN IM AYURVEDA

Auch die Jahreszeiten sind im Ayurveda nach den Doshas Vata, Pitta und Kapha einzuordnen. Das bedeutet, Ernährung, wie auch Lebensweise, lassen sich harmonisch im Jahresverlauf gestalten. In Indien geht man von sechs Jahreszeiten aus. Wir übertragen die Erkenntnisse auf unsere vier Jahreszeiten.

Spätwinter und beginnendes Frühjahr, wenn's nass-kalt, matschig ist samt Schneeschmelze, sind Kapha zugeordnet. Frühjahr, Sommer und goldener Herbst, wenn's trocken, warm und heiß ist, gehören Pitta. Im Herbst und beginnendem Winter, wenn's trocken, kalt und windig ist, regiert Vata. Bedingt durch den Klimawandel sind diese Einteilungen nicht immer eindeutig.

Dann richtet man sich nach den gerade vorherrschenden Bedingungen. Nach Ayurveda gibt es nichts, was als „gut" oder „schlecht" eingestuft werden kann. Alles um uns herum ist so in Ordnung, wie es ist. Wir müssen nur bei allem beachten, dass es einen Einfluss auf uns hat und dieser bei jedem Konstitutionstyp anders ist. Die Aufgabe ist, unserer Konstitution entsprechend „gegen zu steuern", also das „Zuviel" von außen auszugleichen. Wir können dieses nur für uns lösen, wenn wir unsere eigene Konstitution kennen, aber auch die aktiven Doshas um uns herum, denn diese können uns stärken oder schwächen – ja sogar krank machen.

DIE GEWÜRZE

POWERFOOD FÜR DIE GESUNDHEIT

In der ayurvedischen Küche, wie in der Ayurveda-Medizin, spielen Gewürze und auch Kräuter eine ganz zentrale Rolle. Gerne werden in einem Rezept sehr viele verschiedene Gewürze eingesetzt. Die Menge reicht von der Messerspitze bis hin zum Esslöffel.

In Kochkursen haben wir immer wieder festgestellt, dass die ersten Gewürze schon verbrannt waren, bis die letzten ins Ghee reinkamen (Ghee ist die ayurvedische geklärte Butter, in der zunächst alle Gewürze kurz angebraten bzw. erhitzt werden, Rezept siehe Seite 16). Deshalb benutzen wir bevorzugt Gewürzmischungen. Sie machen aus der Ayurvedaküche eine schnelle, unaufwändige und dennoch schmackhafte Küche.

Gewürzmischungen haben den Vorteil, dass sie schnell zur Hand sind und kein aufwändiges Mahlen, Pulverisieren oder Mörsern erforderlich machen. Dennoch sollten sie nur in den Mengen bevorratet werden, die auch in wenigen Wochen verbraucht werden.

Wir haben die Gewürzmischungen in diesem Buch insbesondere eingesetzt, um die Qualitäten der Jahreszeiten auszugleichen. In diesem Sinne kann jeder Konstitutionstyp, Kapha, Pitta oder Vata, diese für seine Gesundheit nutzen. Sie sind aber genauso einzusetzen, um Ungleichgewichte der Konstitution auszugleichen.

MISCHUNGEN

PANCH PURAN

Diese Gewürzmischung besteht aus unzermahlenen Bestandteilen, wie: *Senfsaat braun, Senfsaat gelb, Fenchelsamen, Kreuzkümmelsamen (Kumin), Schwarzkümmelsamen, Bockshornkleesamen*

GEMÜSE-MASALA

Es ergänzt vor allem gemüsebasierte Gerichte und besteht vorrangig aus: *Schwarzkümmel, Kreuzkümmel (Kumin), Thymian, Schwarzer Pfeffer, Ingwer, Salz, Asa foetida*

FRÜCHTE-MASALA

Diese Gewürzzusammensetzung rundet vor allem Fruchtspeisen, süße Gerichte oder Eierspeisen perfekt ab. Die Bestandteile: *Zimt, Anis, Fenchel, Koriander, Ingwer, Kardamom, Nelken, Muskat, Piment*

KRÄUTERSALZ

60 Prozentanteile bestehend aus *Petersilie, Basilikum, Majoran, Schnittlauch, Korianderblätter, Curryblätter, Bockshornkleeblätter, dazu 40 Prozentanteile Meersalz*

KAPHA-MASALA

Die Kapha-Gewürzmischung schafft den Kapha-Ausgleich durch anregende, wärmende, scharfe und bittere Gewürze. Bestandteile sind: *Koriander, Indischer Langpfeffer, Kreuzkümmel, Methi-Blätter (Bockshornkleeblätter), Kurkuma, Ingwer, Kardamom, Chili, Bockshornklee*

ASA FOETIDA

ist das gelblich bis orangebraune *Gummiharz der Asant-Pflanze*. Sie wird auch Teufelsdreck oder Stinkasant genannt. Als Gewürz reinigt es die Darmflora und hilft bei Blähungen und ist daher bei Kohlgerichten und Hülsenfrüchten eine nützliche Beigabe.

PITTA-MASALA

Die Pitta-Gewürzmischung schafft den Pitta-Ausgleich durch kühlende, harmonisierende und etwas bittere Gewürze. Bestandteile sind: *Koriander, Kreuzkümmel, Ingwer, Fenchel, Rosenblüten, Kurkuma*

VATA-MASALA

Die Vata-Gewürzmischung schafft den Vata-Ausgleich durch beruhigende, wärmende und süße Gewürze. Bestandteile sind: *Fenchel, Ingwer, Kurkuma, Kreuzkümmel, Zimt, Koriander, Muskat, Bockshornkleesamen, Asa foetida*

Wenn's einfach sein soll:
Alle hier vorgestellten Gewürzmischungen finden Sie in der Regel in gut sortierten Gewürzläden, Feinkostläden oder im entsprechenden Versandhandel. Sie variieren geringfügig seitens ihrer mengenmäßigen Zusammenstellung. Wenn Sie jedoch exakt die Mischungen verwenden möchten, die entsprechend unserer Erfahrung gemixt wurden, empfehlen wir Ihnen die vom Autor Wolfgang Neutzler bevorzugten Gewürzmischungen, die bei der Firma Herzel zu beziehen sind unter:

www.herzel.de

Mehr Informationen unter:

www.meine-ayurveda-gewuerze.de

KRÄUTER

UND IHRE WIRKUNG AUF DIE DOSHAS

PITTA

Der Pitta-Mensch ist konzentriert, systematisch und häufig voller Tatendrang. Manchmal geht aber sein Feuer mit ihm durch. Dann ist er übermotiviert und neigt schon mal zu Wutausbrüchen. Gut ist alles, was ihm hilft, seinen Übereifer zu reduzieren. Fleischarmes oder gar vegetarisches Essen ist ideal, bittere Gemüse sind zu bevorzugen und ein sparsamer Einsatz von Stimulanzen für ihn empfehlenswert.

VATA

Der Vata-Mensch wirkt meist enthusiastisch, luftig kreativ. Er ist aktiv, bewegt sich gerne, ist spontan. Sorgt er für Ausgeglichenheit, bliebe er ein Leben lang ein freundliches und kreatives Wesen. Oft jedoch ist er rastlos, zu geschäftig und neigt zu Schlafstörungen. Ideal für ihn sind alle Gewürze, vor allem verdauungsfördernde und beruhigend wirkende. Pfeffer und Chili sollte er nur in kleinen Mengen zu sich nehmen.

KAPHA

Der Kapha-Mensch strahlt Ruhe und Unaufgeregtheit aus. Er wirkt geduldig, freundlich. Oft geht jedoch damit eine gewisse Neigung zu übermäßigem Essen, mangelnder Bewegung und viel Schlaf einher. Gewichtsprobleme, aber auch Depressionen können störend wirken. Ideal sind scharfe, gut gewürzte, entwässernde Speisen, die den Appetit zügeln aber die Lust auf Geschmack bedienen.

KRÄUTER FÜR PITTA-TYPEN

OREGANO

Origanum vulgare

Küche: für mediterrane Gemüsegerichte, Eierspeisen, Suppen, Tee

Ayurveda: verdauungsstärkend, antibakteriell, appetitanregend, entzündungshemmend

KARDAMON

Elettaria cardamomum

Küche: Samen für Currys, als Tee, Gewürzmischungen

Ayurveda: verdauungsfördernd, beruhigend, magenstärkend, stimmungshebend

ZITRONENMELISSE

Melissa officinalis

Küche: als Erfrischungsgetränk, für Süßspeisen, Gemüsecurrys, Wildkräutersalate, Salate, Soßen, Tee

Ayurveda: entzündungshemmend, gegen Kopfschmerzen und Schwindel, bei Magen-Darmbeschwerden, stressmindernd, entspannend, schlaffördernd

BORRETSCH

Borago officinalis

Küche: für mediterrane Gemüsegerichte, Gemüsecurrys, Salate, Kräutermischungen

Ayurveda: blutreinigend, schleimlösend, reizmildernd, kühlend, harntreibend, fiebersenkend, gegen Juckreiz, bei Hautirritationen

LÖWENZAHN

Taraxacum sect. Ruderalia

Küche: im Wesentlichen die Blüten als Chutney und Nachspeisen

Ayurveda: gewebereinigend, verdauungsstärkend, bei Hautirritationen

ROSE

Rosa centifolia

Küche: Blütenblätter als Dekoration und aromatischer Geschmacksgeber, Hagebutten als Lassi, Marmelade, Chutney

Ayurveda: Blütenblätter: astringierend, blutreinigend, nervenstärkend, krampflösend. Hagebutten: erhitzend, verdauungsfördernd, appetitanregend

Koriander

Salbei

Borretsch

Zitronenverbene

Zitronengeranie

KRÄUTER FÜR VATA-TYPEN

Chili

Basilikum

Strauchbasilikum

Dillblüte

Lorbeer

CHILI

Capsicum annuum

Küche: scharfe Sorten in kleinen Mengen für Soßen, sanfte Sorten für Gemüse und Salate

Ayurveda: verdauungsfördernd, entzündungshemmend, zum Einreiben, durchblutungsfördernd, bei Hautirritationen

BASILIKUM

Ocimum basilicum

Küche: für mediterrane Gerichte, Tee, Smoothies

Ayurveda: verdauungsfördernd, beruhigend, stressmindernd, als ätherisches Öl gegen Insektenstiche

FENCHEL

Foeniculum vulgare

Küche: für Tee, Gemüsegerichte, Honig, Süßspeisen

Ayurveda: krampflösend, verdauungsstärkend, auswurffördernd, hustenlösend

DOST, MAJORAN

Origanum majorana

Küche: für Kartoffelgerichte, Suppen, Soßen, mediterrane Gerichte, Dal-Gerichte, Gewürzmischungen

Ayurveda: stärkt Verdauungskraft, regt Gallenbildung an, entzündungshemmend, hilft bei nervöser Unruhe

KURKUMA

Curcuma longa

Küche: für Gemüsesuppen, Currys, Süßspeisen, Tee

Ayurveda: immunstimulierend, entzündungshemmend, beruhigend, krampflösend, verdauungsfördernd, antioxidante Wirkung

LAVENDEL

Lavandula officinalis

Küche: für Nachspeisen, Gemüsecurrys, Tee, zu Fisch, Geflügel, Lamm

Ayurveda: beruhigend, krampflösend, antibakteriell, angstlösend

DILL

Anethum graveolens

Küche: frisches Kraut und Samen für Gurkengerichte, Gemüse-Currys, Fischgerichte

Ayurveda: bei Magen-Darmbeschwerden, Schlaflosigkeit (Dill-Wein), harnflusssteigernd, milchbildungsfördernd

KRÄUTER FÜR KAPHA-TYPEN

ANANASSALBEI

Salvia officinalis

Küche: für mediterrane Gerichte, Salate, Gemüsegerichte, Tee

Ayurveda: schleimlösend, bei Erkältungskrankheiten, Bronchitis, gegen Schweißfüße, nervenstärkend, bei Konzentrationsschwäche

THYMIAN

Thymus vulgaris Thymusxcitriodorus, Thymus pulegioides

Küche: für mediterrane Gerichte, Zutat bei Grillgewürzen, bei Gemüsegerichten, Tee (Erkältungstee), Nudelgerichte, Kräuterbutter

Ayurveda: antiseptisch, verdauungsstärkend, blutreinigend, bei Erkältungskrankheiten, schon von Hildegard von Bingen empfohlen

GIERSCH

Aegopodium podagraria

Küche: nur junge Triebe wie Spinat für Gemüsecurrys, Salate, Soßen, Tee, Smoothies

Ayurveda: entschlackend, für Umschläge, bei Hautproblemen

KERBEL

Anthriscus nitidus

Küche: möglichst frisch verwenden, nicht mitkochen bei Suppen, Soßen, Salaten

Ayurveda: blutreinigend, harn- und schweißtreibend, schleimlösend, gegen Schlaflosigkeit, unreine Haut

LÖWENZAHN

Taraxacum sect. Ruderalia

Küche: im Wesentlichen junge Blätter wie Spinat benutzen, für Wildkräutersalate, Soßen, Tee

Ayurveda: gewebereinigend, verdauungsstärkend, bei Hautirritationen

ROSMARIN

Rosmarinus officinalis

Küche: für mediterrane Gerichte, Zutat bei Grillgewürzen, Tee, für Kartoffelgerichte

Ayurveda: appetitanregend, kreislaufanregend, verdauungsstärkend, schleimlösend

GÄNSEBLÜMCHEN

Bellis perennis

Küche: für Salate, Wildkräutersalat, als essbare Dekoration zu Aufläufen

Ayurveda: stoffwechselanregend, schleimlösend, regenerierend, entwässernd

KRÄUTER FÜR TRI-DOSHA-TYPEN

INGWER

Zingiber officinale

Küche: für Gemüsegerichte, Reis- und Nudelgerichte, Salate, Kräutermischungen, Süßspeisen, Tee

Ayurveda: verdauungsfördernd, galleflusssteigernd, schweißtreibend, herzstimulierend, wärmend, gegen Übelkeit (Reisekrankheit)

PFEFFERMINZE

Mentha x piperita

Küche: für Tee, Süßspeisen, Gemüsegerichte / Currys, Erfrischungsgetränke

Ayurveda: entzündungshemmend, antibakteriell, fiebersenkend, schleimlösend, krampflösend

CURRYKRAUT

Helychrysum italicum

Küche: für Gemüsegerichte, Reis- und Nudelgerichte, Salate, Kräutermischungen

Ayurveda: bei Erkältungen, Blutergüssen, Ekzemen, Hautunreinheiten, Verstauchungen, Lymphstau

PETERSILIE

Petroselinum crispum

Küche: als frisches Kraut für Salate und Soßen, als Wurzel für Gemüsecurrys und Suppen

Ayurveda: verdauungsanregend, harntreibend, heilige Pflanze bei den Griechen, Petersilienwein zur Herzstärkung nach Hildegard von Bingen

PIMPINELLE

Sanguisorba minor

Küche: ganz frisch verwenden, nicht mitkochen, für Soßen, Salate

Ayurveda: harntreibend, gegen Frühjahrsmüdigkeit, verdauungsstärkend, lindert Sonnenallergie

BRENNNESSEL

Urtica dioica

Küche: nur jung verwenden wie Spinat, in Suppen, Salaten, Soßen, Gemüsecurry

Ayurveda: entschlackend im Frühjahr, kraftspendend, bei Gicht/Rheuma, Haarausfall

FENCHEL

Foeniculum vulgare

Küche: als Samen in Tee, als Gewürz. Als Kraut in Salaten, Gemüsecurrys, in Süßspeisen. Als Knolle in Gemüse, Aufläufen für Suppen

Ayurveda: atemwegsreinigend, gegen Blähungen, verdauungsfördernd

KRÄUTERBEET NACH DEN DOSHAS

Ideal ist es, wer immer dazu die Möglichkeit hat, in seinem Garten die Kräuterbeete bereits nach den Doshas zusammenzustellen, so wie bei AYURVEDA PUR im Rosenschloss. Dies erleichtert die Heranführung an die Dosha-orientierte Verwendung der Kräuter. Wichtig ist, alle Kräuter mit entsprechender Beschilderung zu versehen! Eindeutig ist diese nur, wenn der deutsche und der botanische Name des Krautes angegeben sind. Ganz ideal ist es mit Aufführung der Verwendungsmöglichkeiten, der ayurvedischen Wirkungen und der Dosha-Zuordnung. So ist beispielsweise die Petersilie (*Petroselinum crispum*) bei uns im Schlossgarten mit folgenden Informationen versehen: Verwendung in der Küche: Wurzeln für Gemüsecurrys und Suppen, Kraut für Salate und Soßen. Ayurveda: verdauungsanregend, harntreibend, heilige Pflanze bei den Griechen, Petersilienwein zur Herzstärkung nach Hildegard von Bingen. Dosha: Tridosha

GHEE

Ghee, das flüssige Gold des Ayurveda. Diese geklärte Butter wird vielfältig in der ayurvedischen Küche verwendet.

Tipp!

Ghee muss nicht im Kühlschrank aufbewahrt werden, Es kann auch im verschlossenen Gefäß stets griffbereit stehen. Die Herstellung ist ganz einfach und günstig, Aber es gibt auch Ghee in Bio-Qualität in gut sortierten Lebensmittelgeschäften fertig zu kaufen.

1

2

3

4

5

ZUBEREITUNG

3 Stück à 250 g Butter (biologische Süß- oder Sauerrahm-Butter)

Außerdem:
- 2 große Töpfe
- Sieb
- 1 Mulltuch (mehrmals gefaltet in einem Sieb)
- Gefäß zum Aufbewahren

Die Butter **(1)** in dem großen Topf bei großer Hitze auslassen. Am Anfang beginnt das Eiweiß, sich am oberen Rand zu sammeln **(2).** Mit der Zeit fällt dieses aber zu Boden. Dann die Hitze auf die Hälfte reduzieren. Die Butter ca. 15 Minuten köcheln lassen, damit das darin enthaltene Wasser verdampfen kann. Steigen keine „Schwaden" mehr auf, sind alle wässrigen Bestandteile verdampft. Das Ghee ist fertig. Man erkennt dies auch an den Blasen an der Oberfläche. Sie werden zur Mitte des Topfes hin kleiner – wie Seifenblasen. Die Butter nimmt einen goldgelben Farbton an und wird ganz klar **(3).** Bei Süßrahmbutter ist der Geruch leicht karamellartig bis nussig und angenehm. Jetzt schnell handeln. Das Ghee sofort durch das Mulltuch im Sieb **(4)** in einen zweiten kalten Topf hinein abgießen **(5).** Dann kann das fertige Ghee entweder sofort oder nach einer Zeit des Abkühlens ins Aufbewahrungsgefäß gefüllt werden **(6).**

6

PANEER

Frischkäse heißt auf Hindi Paneer und kann entweder so gegessen oder als Zutat für die verschiedensten Rezepte benutzt werden.

Tipp!

Wer festen Paneer benötigt, sollte den Käse im Leinentuch und in einer Auflaufform mit einem Gewicht beschwert über Nacht ruhen lassen. Danach auspacken und z. B. in Würfel oder Scheiben schneiden.

ZUBEREITUNG

1 ½ l Frischmilch	in einem großen Topf **(1)** zum Kochen bringen (Achtung: die Milch steigt, daher wirklich einen großen Topf verwenden) und steigen lassen ohne Umrühren.
2 – 3 EL Zitronensaft	hineinrühren **(2)** und den Topf von der Flamme nehmen. Fast unmittelbar trennt sich der schwammartige Paneer von der klaren, gelbgrünen Molke **(3).**

Ein Sieb mit zwei Lagen Käseleinen oder Mulltuch auskleiden und auf ein Gefäß setzen, wenn man die Molke auffangen möchte.

Die Molke-Paneer-Mischung nun in das Sieb schütten **(4).** Dieses vom Topf nehmen mit kaltem, klarem Wasser kurz abspülen, um ihn zu festigen.

Das Tuch kräftig um den Paneer herum zusammendrehen und es somit auswringen **(5).** Wenn fester Paneer benötigt wird, z. B. für Würfel oder Scheiben, sollte der Käse mit einem Gewicht beschwert im Leinen noch einige Zeit ruhen. Danach auspacken und schneiden.

ROSIS GEMÜSEBRÜHE

Diese Gemüsebrühe ist frisch statt getrocknet und trotzdem gekühlt lange haltbar. Zudem ist sie salzarm und damit sehr gesund.

Tipp!

Die Zutaten vom Gemüse können je nach Geschmack erweitert werden bzw. variiert werden **(1).**

ZUBEREITUNG

700 g Wurzelgemüse wie Sellerie, Karotten, Lauch, Ingwer, Petersilienwurzel

100 g Meersalz

5 EL Olivenöl

Gemüse putzen und ggf. schälen **(2).** Alle Zutaten klein schneiden, in den Mixer geben, Meersalz und Öl zufügen **(3)** und pürieren **(4).** Gemüsebrühe in ein verschließbares Glas abfüllen **(5)** und im Kühlschrank lagern.

AYURVEDISCHES FRÜHSTÜCK

DIE GRUNDLAGE FÜR EINEN ERFOLGREICHEN TAG

Der Tag im Rosenschloss beginnt mit einem richtig leckeren und gesunden Frühstück. Damit der Stoffwechsel langsam aber sicher in Gang kommt, sollte es leicht und gut verdaulich sein. Das gibt Stärkung für den ganzen Tag. Obst und Getreideflocken sind dabei die Hauptbestandteile. Kurz in Ghee gedünstet, mit ein paar Kräutern, Gewürzen, Nüssen oder anderen Aromen unterlegt, ist es in der Regel schnell und unaufwändig erstellt. Insofern keine Angst! Auch hier hält Wolfgang, was er verspricht, und so heißt es nach wenigen Minuten: „Schon fertig!“

Dabei kommt vor allem das köstliche Früchte-Masala zum Einsatz, die Mischung aus Zimt, Kardamom, Fenchel, Anis, Nelken und Ingwer. Schnell durchzieht der köstliche Duft dieser wärmenden Gewürze Küche und Haus und schürt die Vorfreude aufs erste Mahl. Wir verwenden meist die fertige Gewürzmischung, das geht schnell, denn es liegt schon in der richtigen Zusammenstellung vor. So ist es nur noch eine Frage der Prisen, Löffelhäufungen oder des Fingerspitzengefühls, wie viel an ayurvedischer Würzung hinzukommt.

Doch auch wenn unser Frühstück verhältnismäßig schnell zubereitet ist, sollte es dennoch genüsslich und in Ruhe eingenommen werden – auch wenn der Tag ruft. Die Zeit fürs erste Essen sollte sich jeder nehmen. Dann kann der Tag so richtig beginnen!

Aufwand: gering

GERLINDES ALL-IN-ONE-FRÜHSTÜCK

FÜRS MÜSLI

10 Mandel	
8 Walnüsse	
6 Datteln	alles grob hacken.
1 Apfel	in Würfel schneiden.
1 TL Ghee (Seite 16)	in der Pfanne erhitzen.
1 TL Früchte-Masala (Seite 8)	hinzufügen. Obst und Nüsse hinzufügen und anrösten.
ca. 100 ml Fruchtsaft	zugeben und kurz aufkochen lassen.
80 g Getreidemischung	zugeben, leicht unterheben und kurz bei milder Hitze quellen lassen.
1 Banane	in Scheiben schneiden und zufügen.
1 TL Rohrzucker	nur bei Bedarf zugeben und alles servieren.

FÜRS ANRICHTEN

6 Zitronenmelisseblätter	kleinschneiden und darüberstreuen.
2 – 4 Ananassalbeiblätter	seitlich als Dekoraton platzieren.

GEDÜNSTETES OBST MIT GETREIDEBREI

GEDÜNSTETES OBST MIT GETREIDEBREI

100 – 150 ml Wasser	aufkochen.
80 g Getreideflocken	einzelne Getreide wie Haferflocken, Dinkelflocken oder auch Getreidemischungen möglich einrühren.
1 TL Ahornsirup	untermischen, bei milder Hitze quellen lassen bis eine breiige Konsistenz entsteht.

FÜRS GEDÜNSTETE OBST

1 TL Ghee (Seite 16)	in der Pfanne erhitzen.
1 TL Ingwer	fein hacken.
1 TL Früchte-Masala (Seite 8)	
1 TL Cranberries	
16 Nüsse	alles in die Pfanne geben und anschwitzen.
ca. 200 g Obst	z. B. Birne, Apfel, Ananas, Mango, Trauben kleinschneiden, zufügen.
4 getrocknete Feigen	kleinschneiden bzw. hacken und zum Obst geben.
50 – 100 ml Fruchtsaft	je nach Konsistenz hinzufügen. Alles zusammen mit dem Getreidebrei auf einem Teller anrichten.

Aufwand: mittel

SÜSSER KRÄUTERPFANNKUCHEN

FÜR DEN TEIG

1 Ei	verschlagen.
6 EL Dinkelmehl	
150 – 200 ml Sojamilch	
2 EL Palmblütenzucker	
1 TL Früchte-Masala (Seite 8)	
½ TL gemahlene Tonkabohne	hinzugeben
40 g Zitronenmelisse	
40 g Pfefferminze	
40 g Gänseblümchenblüten	alles fein hacken und zu der Ei-Mehl-Masse geben.
1 EL Ghee (Seite 16)	pro Pfannkuchen in einer Pfanne erhitzen. Die Hälfte des Teigs einfüllen und ausbacken. Dann einmal zusammengeklappt auf einen Teller geben. So mit dem zweiten Pfannkuchen verfahren.

FÜRS TOPPING

200 g Erdbeeren	waschen, vierteln und zum Schluss kurz in der noch heißen Pfanne schwenken.
1 EL Vanillezucker	zufügen, abschmecken, auf den Pfannkuchen verteilen und mit Früchten der Saison und Blüten dekoriert servieren.

Tipp!

Zitronenmelisse, ein Tausendsassa aus dem Kräutergarten, kann süß, pikant, warm und kalt zu Speisen und Getränken verwendet werden.

PFANNKUCHEN MIT SONNENBLUMENKERNEN

FÜR DEN TEIG

50 ml heißes Wasser	
50 g Getreideflocken	wie Haferflocken, Dinkelflocken oder auch Getreidemischungen zufügen und einweichen lassen.
1 Ei	
1 TL Früchte-Masala (Seite 8)	
1 TL Zimtpulver	
ca. 200 ml Milch	oder Mandelmilch.
4 EL Dinkelvollkorn	(alternativ Buchweizenmehl) alles zusammen mit dem eingeweichten Getreide verrühren.
1 EL Ghee (Seite 16)	pro Pfannkuchen in der Pfanne erhitzen, die Hälfte der Teigmasse hinzugeben und von beiden Seiten goldbraun ausbacken. Dann die Sonnenblumenkerne auf dem Pfannkuchen verteilen, wenden und die andere Seite backen. Pfannkuchen auf Teller geben, auf eine Hälfte das gedünstete Obst (Seite 25) geben und die andere Pfannkuchenhälfte überklappen.

Tipp!

Übriggebliebene Pfannkuchen eignen sich gut als Suppenbeilage. Oder: Wer eine schwache Verdauung hat, kann einen Teil des Pfannkuchens auch als Zwischenmahlzeit einplanen.

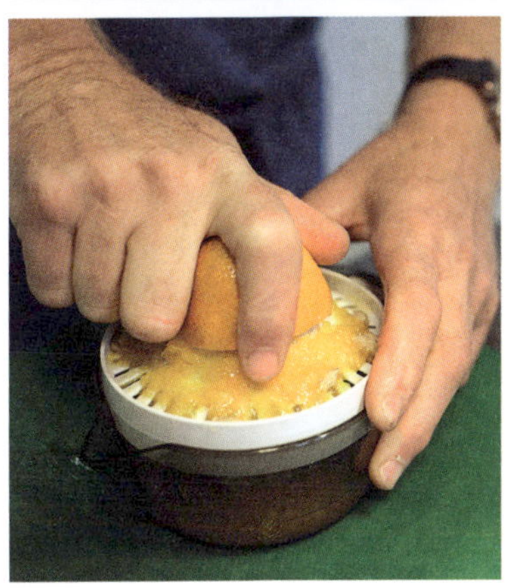

Aufwand: mittel

MAISPOLENTA SÜSS-SCHARF

FÜR DIE MAISPOLENTA

1 TL Ghee (Seite 16)	in einem Topf mit Deckel erhitzen.
1 TL Ingwer	
½ Chilischote	beides fein hacken und dazugeben.
2 Datteln	klein schneiden.
1 EL Cashewnüsse oder Mandeln	hacken.
1 EL Sultaninen	beides dazugeben.
80 g Maisgrieß (Polenta)	einrieseln lassen, leicht anrösten.
ca. 300 ml heißes Wasser	nach und nach zufügen und den Grieß verzehrfertig garen.
50 ml Kokoscrème	mit dem Schneebesen unterrühren.
3 – 4 EL Ahornsirup	(alternativ Zucker) zum Süßen nach Bedarf verwenden. Dann auf einen Teller geben.

FÜRS ANRICHTEN

2 EL Mandelplättchen	
1 Prise Kardamompulver	über die Polenta geben.
20 Zitronenmelisseblätter	am Rand dekorieren.
2 frische Feigen	aufschneiden wie eine Blüte auf die Polenta setzen.

Tipp!

Feigen schmecken besonders gut, wenn sie vollständig ausgereift und schön weich sind.

Der Muntermacher für Augen und Körper.

Aufwand: mittel

AUSGEBACKENE APFELRINGE MIT VANILLESOSSE UND FRÜCHTEBREI

FÜR DIE APFELRINGE

2 mittelgroße Äpfel	mit Apfelausstecher entkernen und jeweils in vier Ringe schneiden.

FÜR DEN AUSBACKTEIG

1 Ei	
Zitronenmelisse	fein hacken.
4 EL Dinkelvollkornmehl	
½ TL Früchte-Masala (Seite 8)	
2 TL Vollrohrzucker	
1 Prise Salz	
¼ l Milch	(oder vegetarischen Ersatz). Alles zusammen mit dem Schneebesen verrühren.
4 EL Ghee (Seite 16)	in die Pfanne geben. Dann die Apfelringe durch den Teig ziehen und im heißen Ghee ausbacken.

FÜR DIE SOSSE

200 ml Milch	
1 – 2 g Johannisbrotkernmehl	einrühren und zusammen erwärmen.
1 EL Vollrohrzucker (oder Holunderblütensirup)	
¼ TL Vanille	je nach Geschmack ausgekratzt aus einer Vanillestange, als Pulver oder aus der Mühle und alles hinzufügen. Zum Andicken die Milch kurz aufkochen lassen, dabei alles gut verrühren. Dann zu den ausgebackenen Apfelringen servieren.

GUT ZU WISSEN!

Für Menschen, die Äpfel roh nicht vertragen, sind diese in der gedünsteten Form meist sehr viel bekömmlicher.

OMELETTE MIT WILDKRÄUTER-FÜLLUNG AUF BROT

FÜRS OMLETTE

1 Handvoll Wildkräuter	gemischt und in Streifen geschnitten, z. B. Giersch, Löwenzahn, Spitzwegerich, Pimpernelle, Zitronenmelisse, Borretschblätter und -blüten, Gewürztagetes, Frühlingszwiebeln etc.
4 Eier	verschlagen.
1 TL Kräutersalz	
1 Prise Zucker	sowie die Kräutermischung hinzufügen.
1 TL Ghee (Seite 16)	pro Omlette zum Ausbacken in der Pfanne erhitzen, die Hälfte des Omlette-Teigs einfüllen und bei mittlerer Hitze ausbacken. Ebenso mit dem zweiten verfahren. Zu Brot mit Pilz-, Schafgarbe- oder Bärlauchbutter servieren.

Aufwand: mittel

OBST-FRÜHSTÜCKE

MELONEN-FRÜHSTÜCK

½ vollreife kleine Wassermelone

½ vollreife Honigmelone — schälen, halbieren, gegebenenfalls entkernen und in mundgerechte Würfeln schneiden.

2 Stängel Pfefferminze — entblättern, in Streifen schneiden, die Blättchen über die Melonenwürfel geben und servieren.

MANGO-IGEL

FÜR DIE MANGO

1 vollreife Mango — in zwei Hälften schneiden und vom Kern lösen. Dann vorsichtig ein Gitter in das Fruchtfleisch schneiden, ohne die Schale dabei anzuritzen. Nun die halben Früchte nach außen drehen, so dass das Fruchtfleisch wie ein Igel aussieht.

FÜR DIE MASALA-SOSSE

2 EL Ghee (Seite 16) — in der Pfanne erhitzen.

1 EL Ingwer — fein hacken und hinzufügen.

2 TL Früchte-Masala (Seite 8)

200 ml Fruchtsaft — (z. B. Orangensaft) dazugeben und alles zu einer cremigen Soße einkochen und lauwarm servieren.

FRÜCHTE-PALME

Sie wird am schönsten mit einer großen Obstauswahl!

(z. B. Ananas, Pfirsich, Banane, Mandarine, Kiwi, Physalis, Himbeere, Cashewnuss, Melone, Mango usw.) zubereiten, d.h. Schalen entfernen, teilweise halbieren oder in mundgerechte Stücke oder Spalten schneiden. Dann die einzelnen Obstarten leicht gefächert auf einem großen Teller in Form einer Palme arrangieren.

Das Auge isst mit!

Aufwand: höher

GEBACKENE QUITTENSCHEIBEN MIT HAFERFLOCKEN-NUSS-MÜSLI

FÜRS MÜSLI

120 g kernige Haferflocken	mit kochendem Wasser übergießen und quellen lassen.
1 EL Ghee (Seite 16) (alternativ Kokosöl)	in die Pfanne geben, erhitzen.
½ TL Früchte-Masala (Seite 8)	
80 g Nüsse	hinzufügen, Nüsse leicht anbräunen lassen. Dann Müslibrei auf Tellern anrichten.

FÜRS ANRICHTEN

1 Quitte	in Scheiben schneiden und mit dem Apfelausstecher entkernen.
1 TL Ghee (Seite 16)	in die Pfanne geben, Quittenscheiben kurz darin andünsten, dann zu dem Müsli anrichten.
2 TL Quittengelee	aus dem Vorjahr (Seite 102) über die Quittenscheiben geben und servieren.

Knackig-fruchtig -
ein guter Start in den Tag!

Aufwand: mittel

BRATLINGE

VOLLKORN-BRATLINGE MIT MANDARINEN-MANGO-INGWER-KOMPOTT

100 g Getreidemischung (alternativ Müslimischung)	am Vortag 1:1 mit heißem Wasser übergießen und zum Getreidebrei quellen lassen.
½ TL Früchte-Masala (Seite 8)	
¼ TL Johanniskernbrotmehl	unterheben. Dann kleine Bällchen abstechen.
Kokosflocken	hierin die Bällchen wenden.
2 EL Kokosöl	in eine Pfanne geben, erhitzen, die Bällchen reingeben und flach drücken. Bei mittlerer Hitze ausbacken. Erst eine Kruste entstehen lassen, bevor die Bratlinge gewendet werden.

FÜR DEN KOMPOTT

8 Datteln	entsteinen.
2 Mandarinen	pellen und in Spalten teilen.
1 EL Ingwer	fein hacken.
2 TL Ghee (Seite 16)	in eine Pfanne geben, erhitzen, Ingwer kurz anschwitzen, dann das Obst dazu und kurz mitdünsten lassen.
2 TL Früchte-Masala (Seite 8)	zufügen, alles abschmecken und mit den Bratlingen zusammen servieren.

BUCHWEIZENBRATLINGE MIT GEDÜNSTETEM OBST

100 g Getreideflocken	einzelne Getreide wie Haferflocken, Dinkelflocken oder auch Getreidemischungen sind möglich.
200 ml Wasser	darin das Getreide ein paar Stunden oder am besten über Nacht einweichen.
1 Ei	
1 gehäufter TL Früchte-Masala (Seite 8)	
2 TL Buchweizenmehl	
1 – 2 TL Ahornsirup	alles untermischen bis eine breiige Konsistenz entsteht.
2 EL Ghee (Seite 16)	in der Pfanne erhitzen. Mit feuchten Händen kleine Kugeln formen und zu Bratlingen flach drücken. Diese von beiden Seiten ca. 2 bis 3 Minuten ausbacken. Dazu gedünstetes Obst (Seite 25) reichen.

Aufwand: mittel

KAROTTENBRATLINGE MIT BANANEN-DATTELN-WALNUSS-KOMPOTT

FÜR DIE BRATLINGE

100 g Getreideflocken	einzelne Getreide wie Haferflocken, Dinkelflocken oder auch Getreidemischungen sind möglich.
200 ml Wasser	darin das Getreide ein paar Stunden oder am besten über Nacht einweichen.
1 Ei	
1 gehäufter TL Früchte-Masala (Seite 8)	
2 Karotten	schaben, dann fein reiben und unter die Teigmasse ziehen.
1 – 2 TL Ahornsirup	als Süße nach Belieben zugeben.
2 TL Ghee (Seite 16)	in der Pfanne erhitzen. Mit feuchten Händen kleine Kugeln formen und zu Bratlingen flach drücken. Diese von beiden Seiten ca. 2 bis 3 Minuten ausbacken und auf Teller geben.

FÜR DIE OBSTBEILAGE

1 reife Banane	schälen und in Scheiben schneiden.
8 Datteln	entkernen und grob hacken.
20 Walnusskerne	ohne Fett in der Pfanne leicht anrösten.
2 TL Ghee (Seite 16)	in der Pfanne erhitzen, alle Zutaen zufügen und kurz andünsten.
1 TL Früchte-Masala (Seite 8)	zufügen.
200 ml Kokosmilch	dazugeben und etwas eindampfen lassen.
1 – 2 TL Ahornsirup	nach Belieben als Süße zu den Karottenbratlingen auf die Teller geben und servieren.

Tipp!

Ideal sind Kochbananen. Sie sind vitaminreich und nahrhaft und schmecken besonders süß, wenn ihre Schalen beginnen schwarz zu werden.

DAS REINIGENDE IM FRÜHLING

UND WIE MAN DIE DOSHAS WIEDER IN HARMONIE BRINGT

Der Frühling ist Kapha zugeordnet. Typischerweise ist es überwiegend nass-kalt, matschig, wenn auch die ersten Sonnenstrahlen schon fühlbare Wärme bringen. Kapha-Konstitutionen können in dieser Zeit leicht ins Ungleichgewicht geraten. Die lange und „dunkle" Jahreszeit ist aber auch für Vata- und Pitta-Konstitutionen eine Herausforderung. Nur wenige Menschen sind so diszipliniert, dass sie nicht ins Ungleichgewicht geraten. Es kommt hinzu, dass das Weihnachtsfest und das Feiern an Silvester bei vielen Menschen „Spuren" hinterlassen hat. Es hat sich etwas mehr Körpergewicht angesammelt, mangelnde Bewegung und der auf das Wohlbefinden drückende Lichtmangel tun sein Übriges. Erkältungskrankheiten sind eine natürliche Reaktion des Körpers, um dieses „Zuviel" wieder aus dem Körper auszuleiten.

Fasten, bewusst mehr Körperbewegungen, sei es in der Natur, zu Hause oder in einem Fitness-Studio, helfen dabei, wieder in die Gänge zu kommen und die Kräfte zu mobilisieren. Jetzt ist leichteres Essen angesagt, warm und gewürzt, um dem Körper beim Entschlacken zu helfen.

Deshalb sind nun auch die ersten frischen Kräuter gefragt wie Brennnessel, Bärlauch, Giersch, Petersilie, Löwenzahn. Sie helfen aufgrund ihrer natürlichen Bitterstoffe, Schleimstoffe und der Vitamine, den Körper wieder ins Gleichgewicht und zum Wohlgefühl zu bringen. Desweiteren sind es Spargel, die ersten Blattsalate aus dem Freiland, Radieschen, Erdbeere und der Rhabarber, die die Frühlingsküche bereichern.

Aufwand: gering

SALAT MIT KARTOFFELWÜRFELN UND KRÄUTER-PESTO

FÜR DEN SALAT

¼ Kopfsalat	waschen, in mundgerechte Stücke zupfen.
2 EL verschiedene Kressen	mischen und in Schälchen portionieren.

FÜR DIE VINAIGRETTE

1 EL Essig	
1 TL süßer Senf	
¼ TL Salz	
¼ TL Zucker	
2 EL Olivenöl	alles zusammen gut verrühren und mit dem Salat mischen.

FÜRS TOPPING

2 Kartoffeln	schälen, in kleine Würfel schneiden.
1 EL Ghee (Seite 16)	in der Pfanne erhitzen und die Kartoffelwürfel hinzufügen. Unter Umrühren und Schwenken leicht anbräunen und mit geschlossenem Deckel weichgaren lassen.
1 TL Salz	hinzufügen. Die Kartoffeln über die Blattsalate geben.
4 TL Kräuterpesto	hinzufügen (Rezept Seite 68) und servieren.

Tipp!

Als Beilagensalat die angegebene Menge verwenden, ansonsten das Doppelte an Zutaten nehmen.

GÄNSEBLÜMCHENBLÜTEN TOPPEN DEN SALAT …

QUINOA-KRÄUTER-SALAT

FÜR DEN SALAT

70 g Kräuter	z. B. Löwenzahn, Brennnessel, Giersch, Frühlingszwiebel, Petersilie, Sauerampfer fein hacken.
100 g grüner Salat	putzen.
1 Tomate	würfeln.

FÜRS ORANGEN-DRESSING

1 Orange	Saft und Fruchtfleisch auffangen.
3 EL Olivenöl	
½ TL Salz	
½ TL Zucker	
¼ TL Chilipulver (oder ½ TL Chiliöl)	alles miteinander zu einer Vinaigrette verschlagen und mit dem Salat mischen.

FÜRS TOPPING

100 g Quinoa	ca. 3 Stunden vorher in 200 ml Gemüsebrühe (Seite 20) einweichen und quellen lassen. Dann ca. 10 Minuten köcheln lassen und über den Salat geben.
3 Wachteleier	hartkochen, pellen, halbieren, als Topping oben aufsetzen und servieren.

Tipp!

Quinoa ist glutenfrei, sehr reich an pflanzlichem Eiweiß und beinhaltet alle essentiellen Aminosäuren. Das macht Quinoa in der vegetarischen und veganen Küche so wertvoll!

Passend im Frühling
das Topping mit Nachtelei.

Aufwand: gering

MARINIERTER SPARGEL MIT KERBEL-PIMPERNELLE-VINAIGRETTE

FÜR DEN SPARGEL

10 Stangen	mitteldicker Spargel waschen, schälen und in kräftigem Salz-Zucker-Wasser bissfest garen.
½ Zitrone	auspressen und den Saft dazugeben.

FÜR DIE MARINADE

2 EL Essig	
1 TL Zucker	
½ TL Salz	
½ Bund Kerbel	
½ Bund Pimpernelle	hacken und dazugeben.
4 EL Knoblauchöl	alles verrühren und die noch warmen Spargelstangen darin mindestens drei Stunden marinieren.

FÜR DEN FRÜHLINGSQUARK

250 g Quark	(wahlweise Ziegenfrischkäse, Seidentofu)
1 Handvoll Kräuter	z. B. Pimpernelle, Frühlingszwiebeln, Giersch, Borretsch, Brennnessel, Gartenrauke, Petersilie, Estragon fein hacken.
1 TL Kräutersalz	
1 EL Mineralwasser	alles gut mischen, ggf. noch Flüssigkeit zufügen. und auf Brotscheiben servieren.

Tipp!

Spargel ist reich an Vitaminen und Mineralstoffen. Er wirkt entwässernd und entschlackend. Er ist daher ideal für die gesunde Frühlingsküche.

Wenn der Spargel noch Biss hat
besonders lecker!

Aufwand: gering

SÜSSKARTOFFELN MIT GIERSCHFÜLLUNG UND ERBSEN-MINZE-GEMÜSE

FÜR DIE SÜSSKARTOFFELN

1 mittelgroße Süßkartoffel	dämpfen, so dass sie weich ist. Dann halbieren und mit einem Löffel aushöhlen.

FÜR DIE FÜLLUNG

1 TL Ghee (Seite 16)	in der Pfanne erhitzen.
½ Zwiebel	
1 Knoblauchzehe	beides hacken und in die Pfanne geben.
1 Frühlingszwiebel	
100 g Giersch	alles fein hacken.
100 g Frischkäse (oder Paneer Seite 18)	
1 TL Chinesische Gewürzmischung (Seite 8)	
1 TL Kräutersalz	
¼ TL Chilipulver	
¼ TL Pfeffer	alles zusammen mit der ausgehöhlten Süßkartoffelmasse in die Pfanne geben, leicht durchziehen lassen. Dann die Füllung auf die Kartoffelhälften verteilen.
40 g Parmesankäse	in Scheiben raspeln und auf die Kartoffeln geben. Dann ca. 10 Minuten im Ofen bei 160 °C überbacken und anschließend servieren.

Tipp!

Süßkartoffel bereits am Vortag kochen, dann lassen sie sich besser aushöhlen.

FÜRS ERBSEN-MINZE-GEMÜSE

150 g Erbsen	mit wenig Wasser ca. 10 Minuten bissfest kochen, leicht „anstampfen".
2 Stängel Pfefferminze	abzupfen, feinhacken und unters Erbsenpüree geben.
½ TL Kräutersalz (Seite 8)	würzen und abschmecken und zu den Süßkartoffeln servieren.

Der Giersch - ein Alleskönner
der Frühlingsküche.

Aufwand: gering

GEBRATENER SPARGEL MIT DINKELNUDELN

FÜR DIE SPARGEL UND NUDELN

8 Stangen Spargel	waschen, schälen, bissfest in Zucker-Salz-Wasser blanchieren und in 4 cm lange Stücke schneiden.
140 g Dinkelnudeln	in Salzwasser al dente kochen, abgießen.
2 EL Ghee (Seite 16)	in der Pfanne erhitzen.
2 TL Kapha-Gewürzmischung (Seite 8)	
2 Knoblauchzehen	fein hacken, in die Pfanne geben und kurz anrösten. Dann die Spargelstücke dazugeben und unter mehrfachem Wenden anbräunen. Die Nudeln zufügen, alles zusammen nochmal kurz durchziehen lassen, auf Wunsch mit ein paar Tropfen Chili-Öl herzhaft abschmecken, auf Tellern verteilen und servieren.

FÜRS TOPPING (AUF WUNSCH)

100 g Krabben	in der Pfanne kurz erhitzen und über die Spargel-Nudeln geben.

FÜR DEN BEILAGENSALAT

¼ grüner Blattsalat	waschen und in mundgerechte Stücke zupfen.
50 g Blutampferblätter	fein hacken.
2 Frühlingszwiebelschlotten	in Ringe schneiden.
1 EL Rote-Rettich-Kresse	
1 EL Radieschenkresse	alles zusammen mischen, auf Teller verteilen.

FÜRS SALATDRESSING

1 EL Essig	
1 TL süßer Senf	
¼ TL Salz	
¼ TL Zucker	
2 EL Olivenöl	alles zusammen gut verrühren und mit dem Salat mischen und anrichten.

Tipp!

Blutampfer ist ein absoluter Hingucker, dazu blutreinigend und harntreibend – also gerade im Frühling eine ideale Ergänzung zu Salat.

So einfach und extrem lecker!

GIERSCH-BRENNNESSEL-KARTOFFEL-STAMPF MIT RADIESCHENGEMÜSE

FÜR DEN KARTOFFELSTAMPF

100 g Brennnesseln	
100 g Giersch	kleinschneiden und in einem Topf geben.
50 ml Sojamilch	hinzufügen und den Giersch andünsten und zusammenfallen lassen.
6 mittelgroße, mehlige Kartoffeln	schälen, in Stücke schneiden und in wenig Salzwasser weichkochen.
100 ml Sojamilch	hinzufügen, ebenso die gedünsteten Kräuter untermischen. Dabei die Kartoffeln ggf. noch etwas grob zerkleinern.
1 TL Kapha-Gewürzmischung (Seite 8)	
100 g Frischkäse (oder Paneer Seite 18)	unterziehen und servieren.

FÜRS RADIESCHENGEMÜSE

2 Bund Radieschen	(oder 2 Bund Eiszäpfle) waschen, je nach Größe halbieren oder vierteln.
2 TL Ghee (Seite 16)	im Topf erhitzen.
1 EL Gemüsebrühe (Seite 20)	
100 ml Kokosmilch	hinzugeben, ebenso die Gemüsestücke, umrühren und bissfest dünsten.
2 EL Kokosraspeln	zum Abbinden unterheben und zum Kartoffelstampf servieren.

FÜR DIE HÄHNCHENBEILAGE (NACH WUNSCH)

2 Hähnchenbrüste	am Vortag in mundgerechte Stücke schneiden.
250 ml Chilisoße süßsauer	über die Hühnchenwürfel geben und diese darin über Nacht marinieren lassen.
2 EL Ghee (Seite 16)	in der Pfanne erhitzen, die marinierten Hühnchenwürfel dazugeben, scharf anbraten und ebenfalls zum Radieschengemüse und Kartoffelstampf servieren.

Tipp!

Am besten stellt man Kartoffelstampf ganz traditionell mit einem Kartoffelstampfer her. So bleiben die Kartoffeln etwas gröber. Auch die Kräuter sollten nicht zu fein gehackt werden.

DER KRÄUTER-KARTOFFELSTAMPF PASST AUCH ZU VIELEN ANDEREN GERICHTEN.

Aufwand: gering

BUCHWEIZEN MIT KRÄUTERN PIKANT

80 g Buchweizen	in der doppelten Menge Wasser ansetzen, 5 bis 7 Minuten köcheln lassen.
1 mittelgroße Karotte	raspeln
1 ½ TL Ingwer	hacken.
2 EL Ghee (Seite 16)	in die Pfanne geben, erhitzen und alle Zutaten darin andünsten.
2 EL Sesamkörner	
2 EL Sonnenblumenkerne	
1 TL Kapha-Gewürzmischung (Seite 8)	
1 TL Kräutersalz	hinzufügen und abschmecken.
1 Handvoll Kräuter	z. B. Frühlingszwiebel, Brennnessel, Giersch, Petersilie fein hacken und unter die Masse geben. Dann auf Teller geben und servieren.

Tipp!

Lässt man den Buchweizen vorquellen, ist er schneller gar. Dafür einfach eine halbe Stunde vorher mit doppelter Menge Wasser ansetzen.

Aufwand: gering

RHABARBER-KNÖTERICH-KOMPOTT MIT LÖWENZAHN-VANILLECRÈME

FÜR DIE CRÈME

2 Stangen Rhabarber	waschen, schälen. Die Schalen extra auffangen.
4 EL Zucker	
½ l Wasser	zusammen aufkochen und die Rhabarberschalen auskochen, herausnehmen, ausdrücken und entsorgen.
2 weiche Stangen Japanischen Knöterich	waschen und ebenso wie die Rhabarberstängel in ca. 3 cm lange Stücke schneiden, beide bissfest im Rhabarbersud garen.
½ l Milch (alternativ Soja- oder Mandelmilch)	aufkochen.
5 EL Zucker	
1 Stange Vanille	auskratzen
1 – 2 g Johannisbrotkernmehl	beides einrühren bis die Crème dicklich ist, dann abkühlen lassen.
20 Löwenzahnblütenblätter	vom Blütenboden abzupfen und mit der erkalteten Crème mischen. Vanillesoße als Spiegel auf Teller anrichten, Rhabarber- und Knöterichstücke darauf verteilen.

Gut zu wissen!

Der Japanische Knöterich muss im jungen, weichen Stadium geerntet werden. Dann ist er noch saftig und zart, ähnlich wie Rhabarberstängel.

Eine ausgefallene Nachspeise -
vitaminreich und lecker!

Aufwand: mittel

WALDMEISTERCRÈME MIT ERDBEEREN

FÜR DIE CRÈME

1 Bund Waldmeister	kopfüber ca. 3 Stunden in 0,25 l Wasser ziehen lassen (Kaltauszug). Ein paar Stängel für die Dekoration zurück behalten. Den Waldmeister ausdrücken und entfernen. Die Flüssigkeit in einen Topf geben.
3 EL Zucker	hinzufügen und den Auszug sanft köchelnd auf 0,1 l reduzieren. Den Sirup erkalten lassen.
200 g Frischkäse	
½ Zitrone	Schale reiben und diese mit dem Waldmeister-Sirup zu einer glatten Crème verrühren.
200 g Erdbeeren	waschen, vierteln und in Schalen füllen. Die Crème darauf verteilen und mit Waldmeisterstängeln dekorieren.

Tipp!

Waldmeister sollte vor der Blüte geerntet werden. Damit er ein intensiveres Aroma entfaltet, lässt man ihn etwas antrocknen bzw. anwelken, bevor man ihn für den Kaltauszug ins Wasser hängt. Als Bestandteil von Teemischungen hilft Waldmeister gegen Kopfschmerzen und Migräne. In kleinen Mengen wirkt er beruhigend und schlaffördernd.

Frühling pur!

Aufwand: mittel

KRÄUTER UND BLÜTEN IM SÜSSLUPINENMEHL-MANTEL

FÜR DEN AUSBACKTEIG

2 EL Lupinenmehl

2 EL Sojamehl

1 EL Milch

1 EL Palmblütenzucker

1 Eigelb — alles zu einem geschmeidigen Teig verrühren.

1 Eiweiß — steif schlagen und unter die Masse heben.

ALS BRATGUT

6 Triebspitzen Zitronenmelisse

1/8 Ananas — in 14 mundgerechte, dünne flache Scheiben schneiden.

14 Blatt Ananassalbei — jeweils auf die Ananasstücke legen.

6 Löwenzahnblüten

ZUM AUSBACKEN

3 EL Ghee (Seite 16) — in die Pfanne geben. Alle Kräuter- und Obstteile einzeln durch den Ausbackteig ziehen und sofort ins heiße Fett geben. Einmal wenden und bei leichter Bräunung sofort herausnehmen. Auf einem Küchenpapier abtropfen lassen und servieren.

Tipp!

Achten Sie auf die Kräuterauswahl (Seite 10 ff), um Vata, Pitta und Kapha auszugleichen bzw. zu stärken. Und Süßlupine hat viel Eiweiß, ist purin- und cholestrinfrei und hat viel Eisen.

Aufwand: gering

BÄRLAUCH-SUPPE ZU PAPADAM UND DIPS

FÜR DIE SUPPE

150 g Kartoffeln	schälen, kleinschneiden.
¼ l Wasser	zusemmen in einen Topf geben, die Kartoffeln weichkochen und pürieren.
150 g Bärlauch	fein hacken.
2 EL Gemüsebrühe (Seite 20)	
¼ l Mandelmilch	(oder Sojamilch)
¼ TL Langpfefferpulver	dazugeben, aufkochen und servieren.

FÜRS PAPADAM (FLADENBROT)

1 Packung Papadam	Diese Fladenbrote aus verschiedenen Hülsenfrüchtemehlen gibt es im Asialaden, entweder pur, mit Chili, Kreuzkümmel oder anderen Gewürzen.
2 TL Ghee (Seite 16)	in der Pfanne erhitzen und die Papadams darin gut von beiden Seiten ausbacken. Hilfreich sind dabei zwei Gabeln zum Runterdrücken und Wenden. Dann als „Vorspeise“ oder als Beilage zur Suppe reichen.

Tipp!

Wir reichen dazu gerne Papadambrot sowie verschiedene Dipps.

FÜRS PFEFFERMINZ-DIP

2 Stängel Pfefferminze	fein hacken.
100 g Joghurt	(oder Soja-Joghurt)
1 TL Zitronensaft	
½ TL Salz	
gemahlenen Kreuzkümmel	alles zusammenfügen und gut verrühren.

FÜRS HAGEBUTTEN-DIP

100 g Hagebuttenmousse (Seite 102)	
1 Prise Chili	
2 Tropfen Chili-Öl süßscharf	mit einander verrühren.

Bärlauch gibt's
nur kurze Zeit!

Aufwand: mittel

MAIRÜBCHEN-SUPPE MIT ZIEGENKÄSE-BÄRLAUCHCRÈME

FÜR DIE SUPPE

2 mittelgroße Mairübchen	(oder 2 Bund Radieschen)
2 Möhren	waschen und würfeln.
1 große Kartoffel	schälen und würfeln.
2 EL Ghee (Seite 16)	in der Pfanne erhitzen und die Gemüsewürfel darin andünsten.
½ l Gemüsebrühe (Seite 20)	hinzugeben.
½ TL Salz	
½ TL Zucker	
½ TL Italienische Gewürzmischung (Seite 8)	
¼ TL weißer Pfeffer	hinzugeben, abschmecken.

FÜR DIE ZIEGENKÄSE-BÄRLAUCHCRÈME

100 g Ziegenfrischkäse	
2 EL Mineralwasser	zusammen cremig verrühren.
50 g Bärlauch	in Salzwasser blanchieren, sofort kurz unter kaltes Wasser halten zum Abkühlen, pürieren und unter die Ziegencreme ziehen.

GUT ZU WISSEN!

Die knackigen Mairübchen, auch Navetten genannt, stammen ursprünglich aus Indien und schmecken roh oder gegart. Auch die grünen Blätter lassen sich zu Pesto verarbeiten oder im Salat mit genießen. Sie enthalten viele Nährstoffe, unter anderem Karotin. Sie lassen sich aber auch durch Rettich, Radieschen oder frische Kohlrabi ersetzen.

Aufwand: mittel

LÖWENZAHN-CHUTNEY

FÜRS CHUTNEY

250 g Löwenzahnblüten	die kleinsten Blüten ganz lassen, dreiviertel der Menge kleinhacken.
100 g Trockenaprikosen	(entschwefelte)
100 g Trockenfeigen	(entschwefelte)
50 g Ingwer	
100 g Quittenfleisch	(aus dem Wintervorrat)
100 g rote Zwiebel	
20 g Parmesankäse	
100 g Japanischer Knöterich	alles fein hacken.
5 TL Indische Gewürzmischung (Seite 8)	
1 TL Früchte-Masala (Seite 8)	
100 g Zucker	
1 TL Salz	

Alles zusammen gut vermengen, über Nacht durchziehen lassen. Dann mit wenig Wasser ca. 20 Minuten dickflüssig einkochen. Falls notwendig, etwas Orangensaft für die richtige Konsistenz zufügen. In sterile Schraubgläser füllen.

Achtung!

Beim Sammeln der Löwenzahnblüten unbedingt darauf achten, dass sie frei von Insekten sind!

Passt ideal zu Gegrilltem,
als Brotaufstrich ...

Aufwand: gering

ESSIG UND DREI-KRÄUTER-PESTO

KRÄUTER-ESSIG

100 g gelber Oregano	
100 g Giersch	beides fein hacken und in eine sterile Flasche füllen.
1 l Apfel-Quitten-Essig	aufgießen.
1 EL Honig	hinzufügen, alles gut durchschütteln und ca. 10 Tage vor dem Verwenden durchziehen lassen.

DREI-KRÄUTER-PESTO

150 g Walnüsse	(alternativ andere Nüsse oder Mandeln)
100 g Kräuter	(wie Giersch, Brennnessel, Bärlauch)
20 g Parmesankäse	alles fein hacken.
6 EL Öl	
2 TL Salz	alles zusammen im Mixer vermengen, abschmecken, dann in ein Glasgefäß füllen.

Das Drei-Kräuter-Pesto aus Giersch, Brennnessel und Bärlauch ...

DAS STABILISIERENDE IM SOMMER

UND WIE MAN DIE KRAFT DER DOSHAS ERHÄLT

Der Sommer ist dem Pitta zugeordnet. Es ist trocken und heiß. Das macht auf Dauer Pitta-Störungen. Das Schwitzen bei der Wärme, Sonnenbrand bis zum Hitzschlag, Sonnenallergien u.v.m. sind die belastenden Faktoren. Keinesfalls sollte man sich zu lange der prallen Sonne aussetzen, vor allem einen Hut aufsetzen, denn nach der ayurvedischen Lehre ist es wichtig, insbesondere den Kopf stets kühl zu halten. Sportliche Aktivitäten sollten nicht übertrieben werden, allerdings bieten sich jetzt in den Sommermonaten Schwimmen, Fahrradfahren oder Spazierengehen in der Natur an.

Ernährungsmäßig sollte ein Zuviel der Geschmacksrichtungen süß, sauer und zu scharf vermieden werden, denn diese erhöhen zusätzlich das Pitta-Dosha. Bessere Geschmacksrichtungen sind bitter, herb und leicht süß.

Etwas Schärfe ist hilfreich, um das Verdauungsfeuer anzuregen. Im Sommer sollte das Essen leicht sein. Auch Südfrüchte sind jetzt hilfreich, denn sie sind leicht verdaulich und wirken kühlend. Bei der Auswahl der Tees und Gewürzmischungen ist auf die Reduzierung der Pitta-Energie zu achten. So empfehlen sich Melisse, Pfefferminze, Salbei, Fenchel oder Thymian. Vor allem mit etwas Zitrone kombiniert schmecken sie köstlich, wirken kühlend und reduzieren das Schwitzen. Auch Wassermelonensaft kann eine tolle Erfrischung sein.

Jetzt kommen die Sommergemüse zum Einsatz: Gurke, Mangold, Blattsalate, Tomate, Sellerie, Rübchen, Brokkoli, etc. Dazu Früchte wie Himbeere, Feige, Zitrusfrüchte, Pfirsich, Holunder sowie die Sommerkräuter Rosmarin, Zitronenverbene, Spitzwegerich, Zitronenmelisse und Duftgeranie.

SOMMERSALATE

MELONENSALAT MIT FETA-KÄSE

½ Wassermelone	vierteln, Schale und Kerne entfernen, Fruchtfleisch in mundgerechte Würfel schneiden.
300 g Fetakäse	würfeln und alles vorsichtig vermengen.
schwarzer Pfeffer	aus der Mühle hinzugeben, mindestens 2 Stunden durchziehen lassen.
Pfefferminze	zum Dekorieren.

Tipp!

Die Schale von Bio-Melonen kann grob geraspelt mit 1 l Wasser als Kaltauszug angesetzt und als Erfrischungsgetränk mit 2 bis 3 EL Holunderblütensirup getrunken werden.

BUNTER SOMMERSALAT MIT BLÜTEN

250 g Blattsalate	nach Wahl putzen und waschen.
1 Handvoll Kräuter	z. B. Schnittlauch, Ruccola, Pimpernelle, Estragon, Dill, Liebstöckel etc. mischen. Dazu passen die Dressings von Seite 74.

Zum Abschluss mit Blüten von Borretsch, Gänseblümchen, Kapuzinerkresse, Calendula, Taglilie, Rose, Salbei, Thymian, Duftgeranie, Schnittlauch, Schinkenkraut, etc. dekorieren und servieren.

Eine sommerliche Kombination,
die erfrischt ...

Aufwand: gering

DRESSINGS FÜR BUNTE SOMMERSALATE

KARTOFFEL-DRESSING

1 mittelgroße, mehlige Kartoffel	weichkochen, pellen, Kartoffel mit Gabel zerdrücken.
1 EL Balsamico	
1 EL Essig	
½ TL Vollrohrzucker	
½ TL Kräutersalz	zusammen mit der Kartoffel zu einer cremigen Konsistenz verrühren.
3 EL Olivenöl	zum Schluss zufügen.

BALSAMICO-DRESSING

1 EL dunklen Balsamico	
1 EL Essig	
½ TL Zucker	
½ TL Ursalz	alles gut zu einer cremigen Konsistenz verrühren.
3 EL Distelöl	zufügen.

KRÄUTER-DRESSING

1 EL Essig	
½ TL Vollrohrzucker	
½ TL Kräutersalz	
1 TL scharfer Senf	zu einer cremigen Konsistenz verrühren.
3 EL Rapsöl	zufügen.
1 Handvoll Kräuter	wie z. B. Borretsch, Schnittlauch, russischer Estragon, Liebstöckel, Pimpernelle klein hacken und zufügen.

Tipp!

Die Kapuzinerkresse gibt dem Salat einen blumigen wie pikant-scharfen Kick.

Das Kartoffeldressing passt gut zu kräftigen Salaten.

Aufwand: höher

ROSMARINKARTOFFELN, ZIEGENKÄSE UND ZUCCHINI-SPAGETTI

FÜR DIE ZUCCHINI-SPAGETTI

300 g Zucchini	in Spagettiform schneiden, häufchenweise auf Dämpferschale setzen.
½ TL Ursalz	
1 TL Pitta-Gewürzmischung (Seite 8)	miteinander vermengen und über die Gemüsespagetti geben. Im Dampfgarer ca. 3 bis 5 Minuten bissfest garen.

FÜR DIE ROSMARINKARTOFFELN

400 g Kartoffeln	gründlich waschen, mit Schale grob würfeln.
1 EL Ghee (Seite 16)	in der Pfanne erhitzen, Kartoffelwürfel zufügen und scharf anbraten.
10 ml Wasser	
½ EL Gemüsebrühe (Seite 20)	beides hinzufügen, dann bei geschlossenem Deckel im eigenen Saft bei milder Hitze garen.
½ Zweig Rosmarin	„entnadeln", Blätter kleinschneiden und die letzten 5 Minuten hinzufügen.
Ursalz	zum Abschmecken.

FÜR DIE MANDELSOSSE

200 ml Mandelmilch	
½ TL Meersalz	
1 TL Vata-Gewürzmischung (Seite 8)	alles vermengen, aufkochen.
1 TL Kartoffelmehl	zum Andicken zur dickflüssigen Soße.

Kartoffeln und Zucchini-Spagetti mit Mandelsoße auf die Teller geben. Schälchen mit überbackenem Ziegenkäse dazustellen und servieren.

GUT ZU WISSEN!

Mit einem speziellen Gemüsespagettischäler lassen sich Zucchini und andere Gemüse schnell und leicht in schmale spagettiähnliche Streifen schneiden.

FÜR DEN ÜBERBACKENEN ZIEGENKÄSE

1 TL Ghee (Seite 16)	fürs Auspinseln von zwei feuerfesten Glasschälen.
4 Mandeln	
2 Datteln	klein hacken.
½ TL Indische Gewürzmischung (Seite 8)	
½ TL Kräutersalz	dazugeben und in Glasschälchen verteilen.
je 1 fingerdicke Scheibe Ziegenkäse	auf die Mischung geben.
1 Zweig Oregano	
1 Zweig Thymian	
1 Zweig Rosmarin	Die Blättchen jeweils vom Zweig befreien, fein hacken und über den Käse streuen.
1 EL hellen Balsamico	
1 EL Agavensirup	verquirlen, ebenfalls über den Käse verteilen. Die Schälchen bei 220 °C Heißluft ca. 5 Minuten im Ofen gratinieren.

Eine Kombination mit Nachschlaggarantie.

Aufwand: höher

BROKKOLI-DATTEL-CURRY MIT REIS UND TERIYAKI-HÜHNCHEN

FÜR DEN REIS

80 g gemischt roter und weißer Reis	ca. 2 Stunden einweichen, dann in der doppelten Menge Salzwasser garen.

FÜRS HÜHNCHEN

2 Hühnerbrustfilets	in Streifen schneiden, in Teriyaki Soße ca. 2 Stunden marinieren.
1 EL Ghee (Seite 16)	anbraten, mit etwas Wasser ablöschen, abdecken und ca. 5 bis 10 Minuten bei milder Hitze garen lassen.

FÜRS GEMÜSE

360 g Brokkoli	waschen und in kleine Röschen teilen.
6 Datteln	entsteinen und in kleine Stücke schneiden.
12 Mandeln	
1 EL Ingwer	beides klein hacken.
1 EL Ghee (Seite 16)	in einem Topf mit Deckel erhitzen, Ingwer und
1 TL Bockshornkleeblätter oder ½ TL Bockshornkleekörner	mörsern.
1 TL Garam-Masala (Seite 8)	
1 TL Kräutersalz	
½ TL Kurkumapulver	
2 Prisen Asa foetida (Seite 8)	zum Ingwer geben, dann Brokkoli, Datteln und Mandeln zufügen. Kurz anbraten.
1 TL Ahorn- oder Palmsirup	zufügen, mit etwas Wasser ablöschen, so dass Dampf entsteht, sofort abdecken und Gemüse bei milder Hitze ca. 10 bis 15 Minuten bissfest garen. Alles zusammen auf einem Teller anrichten und servieren.

Tipp!

Gewürze geben den Gerichten die interessante Geschmacksnote und mit fertigen Gewürzmischungen ist es noch weniger aufwendig. Sie sind auf Seite 8 dargestellt.

Typisch für ayurvedische
Gerichte: Süss-sauer-scharf
zusammen kombiniert

SÜSSKARTOFFEL-FENCHEL-CURRY MIT BUCHWEIZENBRATLINGEN UND FISCH

FÜRS CURRY

1 Fenchelknolle	
1 Süßkartoffel	beides waschen und in Streifen bzw. kleine Würfel schneiden.
1 EL Ingwer	fein hacken.
1 EL Ghee (Seite 16)	in der Pfanne erhitzen und alles hinzufügen.
1 TL Kapha-Gewürzmischung (Seite 8)	
1 TL Kräutersalz	
150 g Kokosmilch	dazu geben, abdecken und bei milder Hitze bissfest garen.
2 – 3 EL Fenchelkraut	klein schneiden und nach dem Servieren über das Gemüse geben.

FÜR DIE BUCHWEIZENBRATLINGE

80 g Buchweizen	in doppelter Menge heißem Wasser 2 Stunden einweichen.
	Die Hälfte des Buchweizens pürieren.
1 Frühlingszwiebel	fein schneiden.
1 TL Indische Gewürzmischung (Seite 8)	
1 TL Salz	
1 Ei	
1 EL Liebstöckel	in Streifen schneiden und alles zu einer homogenen Masse mischen.
1 – 2 EL Buchweizenmehl	hinzufügen, so dass die Masse nicht zu flüssig ist. Kleine Bratlinge formen.
2 EL Ghee (Seite 16)	in eine Pfanne geben und Bratlinge ausbacken.

FÜR DEN FISCH

2 Blätter Butterbrotpapier	bereitlegen, Backofen mit Umluft auf 160 °C vorheizen.
2 Fischfilets	säubern.
2 EL Ghee (Seite 16)	damit die Fischfilets und das Butterbrotpapier bestreichen.
2 Blätter Mangold	auf das Butterbrotpapier legen und Fischfilets auflegen.
1 TL Kräutersalz	
Bio-Zitronenabrieb	
1 Handvoll gemischte Kräuter	z. B. Wasserpfeffer, Frühlingszwiebel, Petersilie, Brennnessel, Kresse, Dill etc. mischen und alles auf den Fischfilets verteilen. Dann zunächst mit dem Mangoldblatt einwickeln, anschließend mit dem Butterbrotpapier wie einen Bonbon einwickeln, mit Küchengarn seitlich zubinden. Für 10 bis 15 Minuten in den Backofen geben.

Raffiniert und doch einfach: Fisch in Papier-Mangold-Hülle gegart.

Aufwand: mittel

MASUR DHAL - ROTE LINSEN

FÜRS DHAL

125 g rote Linsen	waschen.
1 Karotte	
1 Pastinake	beides grob würfeln und in einen Topf geben.
250 ml Wasser	zufügen.
2 TL Curryblätter	
1 TL Garam-Masala (Seite 8)	
1 EL Gemüsebrühe (Seite 20)	alles hinzugeben und bei mittlerer Hitze gar kochen.
1 EL Ghee (Seite 16)	in der Pfanne mit Deckel erhitzen.
2 TL Panch Puran (Seite 8)	im Fett springen lassen – dabei unbedingt den Deckel aufsetzen!
½ EL Ingwer	fein hacken und mit anrösten.
1 TL Indische Gewürzmischung (Seite 8)	
1 TL Kräutersalz	
1 Tomate	würfeln und alles hinzufügen. Weitere 5 Minuten garen lassen. Dann die gekochten roten Linsen und Gemüsewürfel hinzugeben.
1 EL Koriandergrün	hacken, zum Schluss unterheben und sofort servieren.

Gut zu wissen!

Ingwer ist ein wichtiger Bestandteil der ayurvedischen Küche. Die aromatische Knolle ist reich an ätherischen Ölen, Vitamin C sowie Magnesium, Kalium, Kalzium und Eisen.

Ein ayurvedisches Basisgericht
Eiweisshaltig und sättigend

Aufwand: mittel

VANILLECRÈME VON DUFTGERANIEN UND PFIRSICHRAGOUT

FÜR DIE CRÈME

Am Vortag:

200 ml Milch	
20 Blätter Duftgeranie	in die kalte Milch geben und ziehen lassen. Dann Milch abseihen, Blätter gut ausdrücken.
1 – 2 g Johannisbrotkernmehl	
1 Stange Vanille	auskratzen und Mark auffangen.
1 EL Birkenzucker	in die Milch geben, verrühren und unter ständigem Rühren aufkochen bis sie dicklich wird.

FÜR DAS PFIRSICHRAGOUT

2 Pfirsiche	entkernen und in kleine Stücke schneiden.
4 TL Quitten-Chili-Gelee (oder Apfelgelee und Chiligewürz, Seite 102)	
1 TL Früchte-Masala (Seite 8)	hinzufügen, über Nacht ziehen lassen. Crème auf Teller geben, Pfirsichragout hinzufügen, mit Duftgeranienblättern und -blüten dekorieren und servieren.

Tipp!

Quitten-Chili-Gelee (Seite 102) lässt sich vielseitig bei Süßspeisen einsetzen. Dazu wird im Herbst Quitte zusammen mit einigen Chilischoten zum Mus gekocht und eingemacht. Hier „bindet“ es das Pfirsichragout.

Ein Feuerwerk an Aromen und Farben.

Aufwand: mittel

APFEL-ROSEN-CRÈME MIT ROSMARIN-WALNÜSSEN

FÜR DIE WALNÜSSE

10 halbierte Walnüsse — ohne Schale in der Pfanne ohne Fett anrösten.

1 EL Zucker

1 TL Früchte-Masala (Seite 8) — darüberstreuen, karamellisieren lassen.

3 Stängel Rosmarin — „entnadeln", diese Nadeln fein hacken, gleichmäßig über die Nüsse verteilen und nicht mehr umrühren bis die Nüsse kalt sind.

FÜR DIE CRÈME

2 TL Ghee (Seite 16) — in einem Topf erhitzen.

2 Kardamomkapseln — im Mörser zerkleinern.

½ TL Früchte-Masala (Seite 8)

1 Apfel — in kleine Würfel hacken.

½ Orange — auspressen und Saft auffangen.

1 EL Birkenzucker — alles hinzufügen und kurz aufkochen lassen. Mit einem Pürierstab zu einer cremigen Masse mixen, abkühlen lassen.

Blütenblätter von 2 Rosen — klein schneiden, einen Teil unter die Crème heben, diese in Glasschalen füllen, die restlichen Rosenblütenblätter drüberstreuen und mit den karamellisierten Ananassalbeiblättern und Himbeerfrüchten anrichten.

FÜR DEN ANANAS SALBEI

2 EL Ghee (Seite 16) — in der Pfanne erhitzen.

8 Blätter Ananassalbei — einzeln kurz von beiden Seiten „anbraten" lassen.

1 EL Zucker — je 1 gute Prise darüberstreuen, karamellisieren lassen, dann herausnehmen.

Tipp!

Wenn die Nüsse beim Rösten drohen, zu braun zu werden, die Pfanne sofort vom Herd nehmen und auf einem zuvor bereitgelegten nassen, kalten Lappen stellen. Das unterbindet sofort den Röstvorgang. Die Nüsse bleiben schön braun und werden nicht schwarz.

Ausgebackener Ananassalbei als Knusper-Highlight

Aufwand: mittel

HOLUNDER-KALTSCHALE MIT GEIGENKNÖPFLI

FÜR DIE KALTSCHALE

300 ml Wasser	zum Kochen bringen.
½ TL Zimtpulver	hinzugeben.
200 g Holunderbeeren	von den Stielen befreien, waschen, hinzufügen, aufkochen und 5 Minuten köcheln lassen. Dann durch ein feines Sieb streichen. Mus nochmals kurz aufkochen.
200 g Quittenmus (oder Apfel- oder Birnenmus)	aus dem Wintervorrat pürieren und unter den Holunder rühren.
100 g Zucker	
1 – 2 EL Stärkemehl	in etwas Wasser anrühren und Mus damit binden.
1 Apfel	schälen, in dünne Scheiben schneiden.
1 Zitrone	Schale abreiben, Saft auspressen und beides dazugeben, unterrühren. Kalt werden lassen, auf Suppentellern verteilen und mit einigen Geigenknöpfli (Seite 98) dekorieren.
1 EL Pistazienkerne	hacken, drüberstreuen und servieren.

Gut zu wissen!

Holunderbeeren sollten nur vollreif geerntet und in der Küche verarbeitet werden. Durch Erhitzen verliert sich die leicht giftige Wirkung des Sambunigrins und das Aroma der Vitamin-C-reichen Beeren kommt zur vollen Entfaltung.

Ein absolutes "Must have"
in der Sommergenussküche!

MASCARPONECRÈME MIT ROSENBLÜTEN-BLÄTTERN, ZITRONENMELISSE UND FEIGEN

FÜR DIE CRÈME

100 g Mascarpone	
100 ml Milch	
1 EL Holunderblütensirup	alles zusammen verrühren.
Saft und Abrieb einer Zitrone	
1 Stange Vanille	auskratzen und Mark auffangen.
1 Handvoll Rosenblütenblätter	am besten von Duftrosen.
½ Handvoll Zitronenmelissenblätter	beides fein hacken und jeweils ca. 1 TL davon für die Dekoration zur Seite stellen. Die anderen Blätter vorsichtig unter die Crème heben und auf zwei Tellern verteilen.
2 frische Feigen	in Scheiben schneiden, auf der Crème verteilen. Die zur Seite gestellten Blätter darüberstreuen.

Tipp!

Frische Feigen sind nicht nur eine Delikatesse, sie sind auch reich an Ballaststoffen, Vitaminen sowie Mineralstoffen wie Magnesium und Kalium.

Ein Augenschmaus
mit unterschiedlich farbigen
Rosenblütenblättern.

Aufwand: mittel

KALTE SOMMER-GEMÜSESUPPE

FÜR DIE SUPPE

200 g Naturjoghurt	
½ Salatgurke	waschen, mit Schale zerkleinern und zusammen mit dem Joghurt pürieren.
1 Knoblauchzehe	feinhacken.
1 Zitrone	auspressen und Saft hinzufügen.
1 TL Kräutersalz	
¼ TL Vollrohrzucker	
2 TL Gemüse-Masala (Seite 8)	
1 Prise weißer Pfeffer	
1 EL Distelöl	alles zum Joghurt geben und mit Salz nach Wunsch abschmecken.

FÜR DIE SUPPEN-EINLAGE

½ rote Paprika	
½ Zucchini	
8 Radieschen	klein würfeln.
½ Salatkopf	in dünne Streifen schneiden.
1 Handvoll Sommerkräuter	wie z. B. Dill, Pimpernelle, Schnittlauch, Giersch, Borretsch, Petersilie, Kresse, Klee usw. fein hacken und zusammen mit dem Gemüse in die Suppe geben. Vor dem Servieren eine halbe Stunde kaltstellen.

Tipp!

Der dunkle Klee gibt der Suppe eine säuerliche Geschmacksnote und optisch eine interessante Farbe.

Diese Suppe schmeckt besonders an heissen Tagen erfrischend und kräftigend.

Aufwand: gering

SCHNELLE ZUCCHINI-SUPPE MIT SPITZWEGERICH-KÖLBCHEN

FÜR DIE SUPPE

400 g gelbe Zucchini	
1 EL Ingwer	fein hacken.
1 Chilischote	entkernen und in Streifen schneiden. Dabei Handschuhe verwenden!
¼ l Wasser	erhitzen.
1 TL Pitta-Gewürzmischung (Seite 8)	
1 EL Gemüsebrühe (Seite 20)	hinzufügen. Bei milder Hitze weichkochen und pürieren.

FÜR DAS SPITZWEGERICH-TOPPING

20 grüne Spitzwegerich-Kölbchen	von den Stängeln trennen.
1 EL Ghee (Seite 16)	im Topf erhitzen und Kölbchen vorsichtig darin bräunen. Suppe in Suppenschälchen füllen und mit Kölbchen dekorieren und servieren.

GUT ZU WISSEN!

Von den Spitzwegerich-Kölbchen sollte man nur die weichen, noch geschlossenen Knospen auswählen, da sie mit zunehmender Reife und Öffnung strohiger schmecken.

Spitzwegerich-Kölbchen haben
einen feinen nussigen Geschmack
- eine Delikatesse!

Aufwand: mittel

SOMMERLICHE GEMÜSE-KRÄUTER-SUPPE

FÜR DIE SUPPE

1 Kohlrabi	
je 1 orangene, lila und gelbe Möhre	
½ Stange Lauch	
½ Bund Radieschen	Knollen in Würfel schneiden.
1 EL Ingwer	feinhacken.
1 l Wasser	erhitzen.
2 EL Gemüsebrühe (Seite 20)	einrühren, die Gemüsewürfel hinzufügen und bissfest kochen.
1 TL Gemüse-Masala (Seite 8)	
1 TL Kräutersalz	hinzufügen und abschmecken.

FÜR DAS TOPPING

Grün von ½ Bund Radieschen	waschen.
1 Avocado	
½ Knoblauchzehe	schälen, kleinschneiden.
1 TL Zitronensaft	
½ TL Kräutersalz	
20 g Walnüsse	alles zusammen pürieren, ggf. etwas würzen.
2 EL Sahne	evtl. bei Bedarf dazugeben. Dann Suppe anrichten und püriertes Topping als Klacks dazugeben.

Tipp!

Die Gemüse sollten nur kurz gekocht werden, damit sie bissfest bleiben.

Unsere ayurvedische Antwort
auf die italienische Minestrone.

TOMATENSUPPE MIT GEIGENKNÖPFLI

FÜR DIE TOMATENSUPPE

400 g reife Tomaten ½ Stange Lauch ½ rote Paprika 1 Stück Chilischote ½ Zwiebel	alles entkernen, pellen bzw. waschen, dann würfeln.
1 EL Ghee (Seite 16)	in einem Topf erhitzen und Gemüsewürfel scharf anbraten.
10 g Ingwer 1 Knoblauchzehe	beides fein hacken.
10 g Thymian 10 g Oregano 2 EL Olivenöl 1 TL Vollrohrzucker 1 TL Salz 1 TL Kräutersalz 1 TL Italienische Gewürzmischung (Seite 8)	alles hinzufügen und unter Umrühren kurz anrösten lassen.
½ l Wasser 1 EL Gemüsebrühe (Seite 20)	einrühren, ca. 10 Minuten weitergaren, dann abschmecken.

Wer die Tomatenschalen und Kerne nicht so gerne essen mag, kann die Suppe pürieren.

Tipp!

Geigenknöpfli sind eine wunderbare Einlage für ayurvedische Gemüsesuppen, aber auch für Süßspeisen. Diese Einlage kann auf Vorrat gebacken und ca. 1 Woche kühl aufbewahrt werden. Dann einfach in der Suppe warm werden lassen oder für die Süßspeise (Seite 88) zimmerwarm verwenden.

FÜR DIE GEIGENKNÖPFLI

100 g Ghee (Seite 16)	(alternativ Raps- oder Palmöl) zum Ausbacken in einem kleinen Topf erhitzen. Die Klößchen sollen sofort nach Fertigstellung frittiert werden. Das Fett muss ca. 4 cm hoch im Topf stehen.
2 Eier	verquirlen.
30 g Reismehl (oder Maismehl) 30 g Kichererbsenmehl 1 – 2 Prise(n) Salz ½ TL Gemüsebrühe (Seite 20) 1 Prise Indischer Langpfeffer 1 Prise Muskatpulver	alles hinzufügen und verrühren. Mit einem Holzlöffel prüfen, ob das Fett heiß genug ist. Es muss sprudeln. Dann mit zwei Teelöffeln kleine Klößchen vom Teig abstechen und sofort in das heiße Fett geben. Wenn die Klößchen braun sind, herausnehmen, auf Küchenpapier oder Küchensieb abtropfen lassen. Suppe in Suppenteller geben und mit Geigenknöpfli toppen.
8 Basilikumblätter	in Streifen schneiden und als Dekoration dazugeben.

Geigenknöpfli, eine schwäbische
Spezialität, ayurvedisch verwendet.

Aufwand: mittel

GEMÜSE-CRÈMESUPPE MIT CHAMPIGNONS

FÜR DIE SUPPE

300 g Gemüse	z. B. Wirsing, gelbe Zucchini, Petersilienwurzeln, Möhren, Lauch usw.
150 g mehlige Kartoffeln	alles kleinschneiden bzw. würfeln.
1 EL Ingwer	hacken.
1 EL Ghee (Seite 16)	in einem Topf erhitzen.
½ l Wasser	erhitzen.
1 EL Gemüsebrühe (Seite 20)	
1 TL Gemüse-Masala (Seite 8)	
1 TL Kräutersalz	hinzufügen, bei milder Hitze garen, Suppe pürieren und abschmecken.

FÜR DIE CHAMPIGNONS

6 braune Champignons	feinblättrig schneiden.
1 EL Ghee (Seite 16)	erhitzen und Champignons hinzugeben, vorsichtig bräunen, ohne dass sie zu weich werden. Dann Suppe in Suppenschälchen füllen und jeweils mit den Champignons dekorieren.
1 Frühlingszwiebel	in Ringe schneiden und darüber geben.

Gut zu wissen!

Die Farbe der Suppe richtet sich nach der Auswahl der Gemüsearten.

Aufwand: höher

AYURVEDA-SOMMER IN GLÄSER GEPACKT

SCHLEHE-APFEL-MARMELADE

250 g Schlehenfrüchte	waschen.
750 g Äpfel	entkernen und in kleine Würfel schneiden.
100 ml Apfelsaft	in einen großen Topf geben.
2 EL Früchte-Masala (Seite 8)	
1 TL Zimtpulver	
ca. 25 g Apfelpektin	alles mit dem Saft mischen, dann den Saft zusammen mit den Früchten zum Kochen bringen und ca. 5 Minuten köcheln lassen. Die Äpfel dürfen noch leicht bissfest sein.
500 g Vollrohrzucker	hinzufügen und weitere 3 Minuten köcheln lassen. Fällt die Marmelade zähflüssig vom Löffel, ist sie fertig. Dann in sterile Gläser abfüllen.

HAGEBUTTENMOUSSE

1 – 2 kg Hagebuttenfrüchte	gut waschen, in Kochtopf füllen. Bedeckt mit Wasser auf dem Herd ca. 1 Stunde kurz vor dem Siedepunkt ziehen lassen.

Dann die Früchte mit dem Wasser im Thermomix auf halber Stufe ca. 15 Sekunden pürieren. (Thermomix jeweils nur ca. ¾ füllen). Wichtig ist, die Kerne müssen ganz bleiben.

Die Masse dann durch ein Sieb streichen. Den Rückstand noch einmal mit wenig Wasser aufkochen und noch einmal durchsieben.

Alternativ: Die Früchte durch eine Flotte Lotte drehen.

800 g Hagebuttenmus	
400 g Vollrohrzucker	
20 g Apfelpektin	alles gut verrühren, kurz aufkochen und ca. 4 Minuten köcheln lassen. Dann in sterile Gläser abfüllen.

QUITTENGELEE MIT INGWER UND CHILI

1 kg Quitten	waschen, abreiben, vierteln.
400 ml Apfelsaft	aufkochen, Quittenstücke hinzugeben und ca. 10 Minuten kochen.
	Den Saft absieben und auffangen.
800 ml Apfel-Quitten-Saft	in einen Topf geben.
30 g Ingwer	
1 Chilischote	beides feinst hacken.
25 g Apfelpektin	alles zusammenfügen und gut vermischen, aufkochen und 2 Minuten köcheln lassen.
500 g Vollrohrzucker	zufügen und weitere 2 bis 3 Minuten köcheln lassen. Dann in sterile Gläser abfüllen.

Weintraubengelee
Ideal als feiner Brotausstrich oder vielseitiges Dessert
Pikantes Chutney mit Äpfeln
aus dem Rosenschloss
Ideal als feiner Brotausstrich oder vielseitiges Dessert
Apfel-Orangen-Mousse
scharf
Ideal als feiner Brotausstrich oder vielseitiges Dessert
Quittenmousse
aus dem Rosenschloss
Ideal als feiner Brotausstrich oder vielseitiges Dessert
AYURVEDA PUR
Quittengelee
Apfel-Orange
Mousse
Schlehen-Apfelmousse
Hagebuttenmousse
aus dem Rosenschloss
Ideal als feiner Brotausstrich oder vielseitiges Dessert
AYURVEDA PUR
Apfel-Ananas-Mousse
Ideal als feiner Brotausstrich oder vielseitiges Dessert

DAS KRAFTGEBENDE IM HERBST

UND WIE MAN DIE KONSTITUTION DER DOSHAS STÄRKT

Der Herbst wird vom Vata dominiert. Es ist windig bis stürmisch, kühl bis kalt. Das Raue der Natur tritt nun besonders in Erscheinung, auch wenn es noch warme, sonnenverwöhnte Tage im Spätherbst geben mag. Viele Menschen klagen in dieser Zeit darüber, dass ihre Haut trockener ist als in anderen Jahreszeiten. Das ist typisch im Herbst, denn Vata wird durch Kälte und Trockenheit ins Ungleichgewicht gebracht. Kommen weitere Disharmonien dazu, wie Stress, Anspannung und generelle Unregelmäßigkeiten im Lebensstil, ist die Energie in dieser Zeit besonders schnell aufgebraucht. Emotionale und psychische Unausgeglichenheit bis hin zu Depressionen sind die Folgen. Gegensteuern lässt sich durch Wärme, durch sämige Nahrungsmittel, durch warme, süße und gewürzte Speisen, wobei zuviel süßes Essen schnell wieder ein körperliches Ungleichgewicht hervorrufen kann.

Und es heißt jetzt, die Immunkraft zu stärken. Dabei hilft das Fasten und Entschlacken. Viel Tee ist jetzt sinnvoll, dazu wärmende Gewürze wie Ingwer, Kurkuma, Vanille, Sternanis und Zimt, frische oder getrocknete Kräuter, gedünstetes und gewürztes Obst, um die schwache Verdauung anzuregen, aber nicht zu belasten.

Folgende Essenszutaten helfen dabei, wieder ein Gleichgewicht herzustellen: Kürbis, Kohl, Rübe, Möhre, Kartoffel, Pilze, bei den Früchten Quitte, Apfel, Traube, Birne, Hagebutte, Marone, Nüsse aller Art, Sonnenblumenkerne.

BULGURSALAT IN CHICORÉE-BOWLS

FÜR DEN SALAT

150 ml Gemüsebrühe	
½ TL Olivenöl	zusammen zum Kochen bringen.
125 g Bulgur	einstreuen, umrühren und einmal aufkochen. Dann den Topf vom Herd nehmen und zirka 5 Minuten quellen lassen.
2 TL Salz (oder Kräutersalz)	hinzufügen.
1 Tomate	schälen und würfeln.
1 Frühlingszwiebel	in feine Ringe schneiden.
verschiedene Kräuter	Überwiegend Petersilie, alles hacken und unter den Bulgur geben.

FÜRS SERVIEREN

6 Chicorée-Blätter	in kleine Schalen geben und portionsweise mit Salat füllen.
3 Stängel Petersilie	dekorieren und servieren.

GUT ZU WISSEN!

Bulgur kann auch durch Quinoa, Grünkern, Amaranth etc. ersetzt werden. Wichtig: unterschiedliche Quell- und Garzeiten beachten.

Kernig-gesund und lecker!

Aufwand: mittel

WARMER GRÜNKERNSALAT MIT ENDIVIEN

FÜR DEN GRÜNKERNSALAT

100 g Grünkern	über Nacht einweichen.
200 ml Wasser	beides zusammen aufkochen, ca. 30 Minuten köcheln lassen, dann auf der warmen Herdplatte quellen lassen.
½ Zucchini	
2 Tomaten	beides würfeln.
1 Frühlingszwiebeln	in Streifen schneiden.
2 EL Kokosöl	in die Pfanne geben, erhitzen, das Gemüse zufügen und kurz mit anschwitzen. Nun Grünkern zufügen.
½ TL Kräutersalz	
1 Messerspitze Pfeffer	
1 Messerspitze Chili	
½ TL Chinesische Gewürzmischung (Seite 8)	
½ TL Vata-Gewürzmischung (Seite 8)	
3 – 4 Wasserpfefferblätter	
4 Stängel Petersilie	hacken, alles zufügen und herzhaft abschmecken.

FÜR DEN ENDIVIENSALAT

4 EL Olivenöl	
2 EL Balsamico	
Salz, Pfeffer, Birkenzucker	alles zu einer Vinaigrette verrühren.
¼ – ½ Endiviensalat	waschen, in grobe Stücke schneiden. Auf Tellern verteilen, den leicht abgekühlten, aber noch warmen Grünkern zufügen. Vinaigrette darüber geben und servieren.

Gut zu wissen!

Bei diesem typischen Wintersalat sind die Bitterstoffe ideal zur Stärkung des Immunsystems.

Verlockend lecker!
Stärkt Körper und Geist.

Aufwand: mittel

INDISCHER KAROTTENSALAT

FÜR DEN KAROTTENSALAT

400 g Karotten	waschen und schälen, in dünne lange Streifen schneiden.
10 Mandeln	
2 EL Walnüsse	beides grob hacken.
1 EL getrocknete Mangostücke	
5 Datteln	
1 Schalotte	alles in dünne Streifen schneiden.
2 EL Olivenöl	in die Pfanne geben, erhitzen.
1 EL Ingwer	
1 Knoblauchzehe	beides fein hacken und hinzufügen.
2 TL Salz	
1 TL Indische Gewürzmischung (Seite 8)	hinzufügen, sowie die Gemüsestreifen, Nüsse und Trockenfrüchte. Alles wenige Minuten dämpfen.
1 TL Rohrzucker (oder Honig)	
Saft von 1 Zitrone	hinzufügen und abschmecken und mehrere Stunden, am besten über Nacht, gut durchziehen lassen. Vor dem Servieren nochmal abschmecken.

FÜRS SERVIEREN

Minze, Koriander oder Petersilie auf dem Teller hinzufügen.

Kann für 2 Mahlzeiten ausreichen. Ist aber so lecker, dass man ihn auch gleich ganz verspeist.

Tipp!

Ideal vorzubereiten, auch in größeren Mengen für glückliche Gäste. Und besonders lecker mit frischer Mango.

Unser süss-scharfer Geheimtipp!

Aufwand: gering

ROTKOHLSALAT

FÜR DEN SALAT

½ Rotkohl	in feine Streifen schneiden und kurz blanchieren.
6 Datteln	entkernen, in Streifen schneiden.
1 – 2 EL Sesam	
6 Walnusskerne	grob hacken und anrösten.
1 Granatapfel	entkernen und alles mit dem Rotkohl mischen.

FÜR DAS DRESSING

1 Orange	entsaften.
2 TL Zitronensaft	
2 EL Nussöl	
1 EL Honig (alternativ Rohrzucker)	
2 TL Salz	
etwas frischen Pfeffer	alles zu einem leicht dickflüssigen Dressing verschlagen. Dann über den Rotkohl geben, gut mischen und mindestens 1 Stunde ziehen lassen.

Tipp!

Granatapfel öffnen, dann vierteln, Teile in einer großen Schüssel weg vom Körper halten, aufbrechen und mit den Fingern entkernen. Vorsichtshalber Kunststoffhandschuhe anziehen.

Rotkohl in seiner
Raffiniertesten Form!

Aufwand: höher

KÜRBISSPAGETTI MIT GLASIERTEM ZIEGENKÄSETALER UND GEMÜSE

FÜR DIE KÜRBISSPAGETTI

100 ml Gemüsebrühe (Seite 20)	
300 g Kürbis (Sorte `Butternut`)	mit dem Spiralschneider in Spagetti schneiden und zusammen mit der Gemüsebrühe am besten in der Saftschale des Backofens häufchenweise bissfest garen. Alternativ im breiten Kochtopf. Anschließend Brühe auffangen für die Soße.

FÜR DEN GLASIERTEN ZIEGENKÄSE

100 g Ziegenkäse	in ca. 2 cm dicke Scheiben schneiden, auf feuerfeste Teller legen.
2 TL Honig	
2 TL Balsamico	zusammen in einen Topf geben, erwärmen bis sich beides durchmischt, dann auf die Ziegenkäsescheiben streichen und im Ofen bei 180 °C ca. 3 Minuten goldbraun überbacken.

FÜRS PAPRIKA-TOMATEN-GEMÜSE

2 Paprika	in Dreiecke schneiden.
3 Tomaten	würfeln.
1 EL Ingwer	feinhacken.
2 TL Ghee (Seite 16)	in eine Pfanne geben, erhitzen und alle Zutaten hinzufügen, Gemüsebrühe vom Kürbiskochen beifügen und kurz dünsten lassen.
1 TL Italienische Gewürzmischung (Seite 8)	
1 – 2 TL Sojasoße	je nach Geschmack zufügen.
1 TL Oregano	
1 TL Thymian	
1 TL Basilikum	getrocknet oder frisch und gehackt.
1 TL Kräutersalz	alles hinzufügen und abschmecken.

FÜRS SERVIEREN

Kürbisspagetti	auf zwei Teller geben, je die Hälfte des Gemüses hinzufügen, sowie einen überbackenen Ziegenkäsetaler.
10 Walnusskerne	kurz anrösten, leicht hacken und vorm Servieren drüberstreuen.

Gut zu wissen!

Viele Kürbissorten eignen sich für dieses Gericht. Besonders aromatisch ist jedoch das Kürbisfleisch der Sorten `Hokkaido`, `Butternut` oder `Piena di Napoli`.

Eine bunte Herbstvielfalt!

Aufwand: gering

WALNUSS-REIS-WOK MIT KARAMELLISIERTER FEIGE

FÜR DEN REIS

100 g Basmatireis	einweichen.
1 TL Salz	
200 g Gemüsebrühe (Seite 20)	zusammen garen.
2 EL Ghee (Seite 16)	in die Pfanne geben und erhitzen.
1 TL Kardamompulver	
2 EL Kapha-Gewürz-mischung (Seite 8)	
2 EL Walnusskerne	grob hacken.
1 EL Ingwer	fein hacken.
1 EL Rosinen	alles zusammen in die Pfanne geben und kurz anrösten. Dann in den fertigen Reis geben und unterrühren.
10 Ananassalbeiblätter	kleinschneiden und unterheben.

FÜRS SERVIEREN

4 – 6 Wirsingblätter	in heißem Wasser kurz blanchieren, in Eiswasser abkühlen, abtrocknen und je ein bis zwei Blätter in eine Schale geben.
2 TL Ghee (Seite 16)	in die Pfanne geben und erhitzen.
2 EL Honig	hinzugeben.
2 Feigen	vierteln und kurz im Ghee-Honig karamel-lisieren lassen. Je eine Portion Reis in die Wirsingschale einfüllen und mit den Feigen toppen.

Aufwand: mittel

DHAL MIT KICHERERBSEN UND GEFÜLLTEN CHAMPIGNONS

FÜRS DHAL

60 g Kirchererbsen	waschen und über Nacht einweichen.
50 g Möhren	in Scheiben schneiden und stifteln.
120 ml Gemüsebrühe (Seite 20)	erhitzen und Kichererbsen ca. 20 Minuten garen. Nach ca. 15 Minuten die Möhren zufügen.
10 ml Olivenöl	in die Pfanne geben.
½ TL Panch Puran (Seite 8)	hinzufügen und „springen" lassen bei geschlossenem Pfannendeckel.
1 EL Ingwer	
½ Chilischoten	beides hacken und hinzufügen.
5 g Tomatenmark	
1 Apfel	in kleine Schnitze schneiden, hinzufügen und kurz mitdünsten.

FÜR DIE CHAMPIGNONS

4 große Champignons	putzen. Hüte beiseite legen, die Stiele fein hacken.
3 EL Paneer (Seite 18)	würfeln
2 EL Kräuter der Saison	waschen und fein hacken.
1 EL Ingwer	fein hacken.
1 EL Ghee (Seite 16)	in einer Pfanne erhitzen und alle Zutaten zufügen.
1 TL Vata-Gewürzmischung (Seite 8)	
etwas Kräutersalz	beides zufügen, damit abschmecken. Dann in die Pilzhüte füllen. Diese in einer gebutterten Auflaufform im Backofen ca. 6 Minuten bei 140 °C überbacken.

Tipp!

Für dieses Gericht sollte man beim Einkauf auf besonders große Pilze achten.

Aufwand: mittel

GESCHICHTETE KÜRBISMOUSSE

FÜRS MOUSSE

150 ml Apfel- oder Orangensaft	
200 g Kürbisfleisch	würfeln und im Saft garen und abkühlen lassen.
1 TL Ingwer	reiben.
1 Zitrone	Schale abreiben und Saft auspressen.
2 EL Holundersirup (alternativ Rohrzucker)	
1 – 2 Messerspitze Johanniskernbrotmehl	alles mit dem Kürbismus verrühren und abfüllen.

FÜR DIE VANILLECRÈME

100 g Mascarpone	
20 ml Milch	
1 Messerspitze Safran	
¼ TL gemahlene Vanille	
2 TL Agavensirup	alles miteinander verrühren.

FÜRS SERVIEREN

Zunächst Kürbismousse in vier kleine oder zwei hohe Gläser geben, darauf die Vanillecrème verteilen.

3 EL Kürbiskerne	kurz in der Pfanne anrösten, dann klein hacken und auf die Crème geben.
2 Ananassalbeiblätter	zerkleinern und als Dekoration auflegen.

Tipp!

Kürbiskerne sind nicht nur ein leckerer Snack. Sie helfen auch bei Reizblase und Schlaflosigkeit. Außerdem stärken sie die Leberkraft.

Recht gut vorzubereiten,
schnell geschichtet!

Aufwand: mittel

QUITTEN-TIRAMISU

FÜRS MOUSSE

80 g Quittenmus
3 EL Ingwersirup
1 TL Früchte-Masala (Seite 8) — zusammen verrühren.
6 Gewürz-Haferkekse (Seite 170) — in Schalen füllen und die Hälfte des Quittenmuses darüber verteilen.

FÜR DIE MASCARPONE-CRÈME

80 g Mascarpone
20 ml Milch
10 g Vollrohrzucker
1 Stange Vanille — auskratzen.
2 TL Honig
1 Messerspitze Safran — alles miteinander mischen und auf die Haferkekse bzw. das Quittenmus geben. Darüber das restliche Quittenmus verteilen.
1 TL Pistazien — grob hacken.
1 Ananassalbeiblatt — kleinschneiden und beides als Dekoration darüberstreuen.

Gut zu wissen!

Quitte senkt den Cholesterinspiegel, bindet Schadstoffe im Körper und besitzt wichtige Antioxidantien.

Ayurvedische Version eines italienischen Klassikers!

Aufwand: mittel

MARONEN-CRÈMESUPPE MIT KASTANIEN-DATTEL-WAFFELN

FÜR DIE SUPPE

200 g Maronen	entschalen.
0,3 l Sojamilch	
0,3 l Gemüsebrühe (Seite 20)	
3 Chilischoten	alles zusammen ca. 30 Minuten dünsten lassen, dann pürieren und abschmecken.

FÜR DIE WAFFELN

70 g Kastanienmehl	
40 g Dinkelmehl	
2 Eier	
2 TL Kräutersalz (Seite 8)	
6 Datteln	entkernen und fein hacken.
150 ml Hafermilch	alles miteinander verschlagen.
1 EL Ghee (Seite 16)	in ein heißes Waffeleisen geben, 2 EL vom Waffelteig hinzugeben und ca. 3 Minuten zur Waffel ausbacken. Zur Suppe reichen und Suppe mit roten Basilikumblüten dekorieren.

Tipp!

Die Suppe ist basisch und glutenfrei. Wer die Waffeln ebenfalls glutenfrei möchte, kann das Dinkel- durch Buchweizenmehl ersetzen und die Hafer- durch Soja- oder Mandelmilch.

KASTANIEN MAL
GANZ ANDERS ...

Aufwand: gering

KÜRBIS-CRÈMESUPPE MIT GERÖSTETEN ERDNÜSSEN

FÜR DIE SUPPE

200 g Kürbis	(z. B Sorte `Muskat` oder `Hokkaido`) würfeln.
20 g gesalzene Erdnüsse	
1 TL Indische Gewürzmischung (Seite 8)	
1 TL Garam-Masala (Seite 8)	
200 ml Gemüsebrühe (Seite 20)	alles zusammen garen.
½ Limette Fruchtfleisch	hinzugeben und alles pürieren.
1 kleine Schalotte	
1 EL Ingwer	beides schälen und klein würfeln.
1 EL Kokosöl	in die Pfanne geben und Ingwer-Schalotten-Gemisch andünsten.
50 ml Kokosmilch	hinzufügen.
Salz, Pfeffer	zum Abschmecken.

FÜRS SERVIEREN

20 g gesalzene Erdnüsse	in der Pfanne ohne Fett leicht anbräunen. Suppe in Teller geben, mit den Erdnüssen toppen und servieren.

Tipp!

Aus der großen Familie der Kürbisse lassen sich viele Kürbisarten verwenden und bei einigen kann man sogar die Schale mitessen bzw. mitkochen.

Herbstlicher Power-Topf;
kernig trifft cremig.

Aufwand: gering

ROTKOHL-CONSOMMÉ MIT DINKELPFANNKUCHEN-HERZEN

FÜR DIE CONSOMMÉ À LA CHRISTIAN

1 kleiner Rotkohl	in grobe Streifen schneiden und mit doppelt so viel Wasser übergießen.
1 TL Ursalz	
2 EL Rohrzucker	hinzugeben und abschmecken und ca. 3 Stunden leicht köcheln lassen. Dann vorsichtig über ein Sieb abgießen, damit die Suppe klar bleibt.
Salz, Langpfeffer	fürs Würzen verwenden, abschmecken und die Suppe in Suppenteller geben.

FÜRS SERVIEREN

Dinkelpfannkuchen (Seite 124)	vom Vortag mit Plätzchenformen als Herz ausstechen und auf die Suppe legen.
2 EL Kressekeimlinge	
rosa Pfefferbeeren	drüberstreuen.

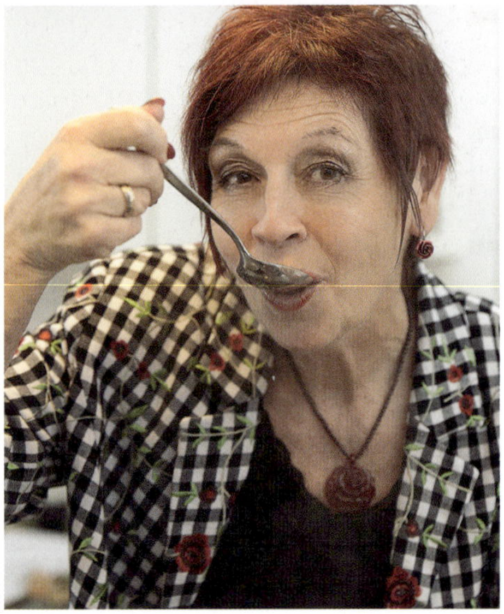

Tipp!

Rotkohl ist meist als Wintergemüse, allenfalls noch als Salat bekannt. Deshalb ist diese klare Suppe etwas ganz Besonderes aber sehr einfach herzustellen.

Raffiniertes Rezept,
einfach zum Nachkochen.

Aufwand: gering

STÄRKEND: INGWERSIRUP

FÜR DEN SIRUP

200 g Ingwer	
200 g Kurkumawurzel	beides sehr fein hacken. Dann in ein Schraubglas füllen.
ca. 300 ml Honig	auffüllen und einige Tage vor dem ersten Genießen durchziehen lassen.

Tipp!

Als Stärkungsmittel für unser Immunsystem sollte man täglich mit einem Teelöffel Ingwersirup den Erkältungskrankheiten vorbeugen.

Scharf und oho!

Aufwand: gering

VORBEUGEND: HUSTENSAFT

FÜR DEN SAFT

20 – 25 g Salbei
20 – 25 g Thymian
20 – 25 g Rosmarin
1 EL Ingwer
1 Zimtstange
1 l Wasser

Alles zusammen etwas gehackt oder zerkleinert aufkochen lassen, dann so lange köcheln lassen, bis sich die Flüssigkeit auf 200 ml reduziert hat. Dann die Kräuter absieben, den Saft auffangen.

200 g Vollrohrzucker

hinzugeben, nochmals aufkochen, absieben und heiß in Flaschen abfüllen.

Im Kühlschrank aufbewahren.

Tipp!

Rohrohrzucker ist nach einem speziellen Verfahren aus acht verschiedenen Zuckerarten hergestellt. Man findet es unter der Bezeichnung Sharkara und es gilt als wichtiges Heilmittel.

Mit Ayurveda
gegen den
Herbst-Blues.

Aufwand: gering

KRÄFTIGEND: GOLDEN MILK / MANDELMILCH

FÜR DIE GOLDEN MILK

350 ml Milch	(ersatzweise Soja- oder Mandelmilch oder 100 ml Sahne mit 250 ml Wasser gemischt) aufkochen lassen.
½ – 1 EL Kurkuma-Paste (siehe unten)	zufügen und weitere 3 bis 5 Minuten köcheln lassen. In eine große Tasse geben und leicht abkühlen lassen.
Honig	
Agaven-Sirup	(oder Ahornsirup je nach Geschmack) hinufügen in der Menge und Art ganz nach Belieben. In Gläser abfüllen.

KURKUMA-PASTE

3 TL Kokosöl	
3 – 4 flach gehäufte EL Goldenmilk-Pulver	
125 ml Wasser	Alles zusammen aufkochen, ca. 5 Minuten köcheln lassen bis eine Paste entsteht. Diese erkalten lassen, mehrmals dabei umrühren, dann in ein Glas abfüllen. Die Paste hält im Kühlschrank aufbewahrt ca. 2 Wochen.

Tipp!

Wenn man einen Teil der Milch aufschäumt und den Schaum auf die Golden Milk gibt, so gibt es noch einen besonderen Kick beim Anrichten.

Der ayurvedische Zaubertrunk fürs Wohlbefinden.

Aufwand: mittel

HERBSTLICHES GRILLEN: LACHS IN DER KRÄUTERKRUSTE

FÜR DEN FISCH

2 Handvoll Kräuter	(z. B. Petersilie, Dill, rote Zwiebeln, Liebstöckel, Pimpernelle, Borretsch) fein hacken.
2 EL Olivenöl	hinzufügen.
2 Lachsfilets mit Haut	kalt abbrausen.
Kräutersalz	auf dem Lachs verteilen und 2 bis 3 Stunden marinieren.

Grill anheizen und Fisch bei mittlerer Hitze ca. 30 Minuten auf der Haut, am besten ohne zu wenden, auf einem feuchten Aroma-Grillbrett garen. Nach 20 Minuten abdecken und gar ziehen lassen.

FÜR DEN GEMÜSESPIESS

2 kleine Zucchini	
2 Paprika	beides in 1 cm dicke Scheiben schneiden.
12 Champignons	im Wechsel mit den Gemüsewürfeln auf zwei Metallspieße stecken.
2 EL Olivenöl	
2 TL Kräutersalz	
1 Stängel Oregano	
1 Stängel Thymian	beides hacken und mit dem Öl und Salz mischen, das Gemüse damit bepinseln und 2 Stunden marinieren. Bei mittlerer Hitze ca. 15 Minuten auf dem Grillen garen, erst offen, nach 10 Minuten abdecken und gar ziehen lassen.

HERBSTLICHES GRILLEN: NAAN-BROT, BROTAUFSTRICHE UND PESTO

KRÄUTER-WALNUSS-NAAN (INDISCHES HEFEBROT)

Naan, das bekannteste Hefebrot, kommt ursprünglich aus dem Norden Indiens, ist aber inzwischen auf allen Speisekarten des Subkontinents zu finden.

500 g Dinkelmehl oder Vollkornmehl	
1 Päckchen Hefe	mit dem Mehl mischen.
125 g Butter	(besser: 2 EL Ghee) hinzufügen und alles mit etwas Wasser zu einem festen, geschmeidigen Teig verkneten. Zugedeckt 30 Minuten gehen lassen.
1 TL Kreuzkümmel	
Salz, Pfeffer	hinzufügen und unterkneten. Teig abschmecken.
150 g Walnüsse	trocken in der Pfanne rösten, dann fein hacken. Ofen auf 230 °C vorheizen. Teig in 7 Stücke schneiden und mehr lang als breit ausrollen, Teigfladen sollte nur noch ca. 0,5 cm dick sein.
3 EL Ghee (Seite 16)	durch Anwärmen leicht verflüssigen und Teig damit bestreichen.
1 Knoblauchzehe	zerdrücken.
10 Walnüsse	in der Pfanne leicht anrösten, dann hacken.
frische Kräuter	hacken und alles mischen, darauf verteilen und leicht in den Teig drücken.
1 Stück Hartkäse	darüberreiben. Teig im Ofen 10 Minuten backen.

SONNENBLUMENKERNE-RUCOLA-PESTO

200 g Sonnenblumenkerne	ohne Fett in der Pfanne anrösten und in ein Gefäß umschütten.
1 EL Ghee (Seite 16)	in die Pfanne geben und erhitzen.
1 EL Galgant	fein hacken, hinzufügen und anschwitzen.
½ Bund Rucola	hacken und zufügen.
1½ TL Kräutersalz	
¼ TL Chilipulver	
1 TL Garam-Masala (Seite 8)	
1 EL getrocknete Bockshornkleeblätter	
4 – 6 EL Sonnenblumenöl	alles zufügen und noch ein bis zwei Minuten in der Pfanne wenden. Dann alles in ein Püriergefäß geben.
1 Tasse Wasser	nach Bedarf und Konsistenz hinzufügen und alles zusammen pürieren bis eine cremige Masse entsteht.

AVOCADOCRÈME

1 Avocado	schälen.
½ TL Kräutersalz	
1 Knoblauchzehe	hacken.
1 – 2 Prisen weißer Pfeffer	
1 TL Zitronensaft	alles zu dem Avocadofruchtfleisch geben und pürieren.

KARTOFFELCRÈME

2 große mehlige Kartoffeln	mit der Schale weichkochen, schälen, abkühlen lassen.
3 EL Sojasahne	
1 TL scharfer Senf	
etwas Kräutersalz	alles zusammen cremig rühren.

KÜRBIS-BROTAUFSTRICH

1 EL Ghee (Seite 16)	
250 g Kürbisfleisch	in Spalten schneiden und mit dem Ghee bestreichen.
1 TL Kräutersalz	drüberstreuen und den Kürbis ca. 20 Min. im Ofen bei ca. 140 °C backen. Abkühlen lassen und in einen Mixer geben.
4 TL Kürbiskerne	
1 Zweig Rosmarin	
5 Zweige Majoran	
3 TL Sojasoße	
50 ml Olivenöl	
½ TL Indische Gewürzmischung (Seite 8)	
¼ TL Asa foetida (Seite 8)	(alternativ Knoblauch) hinzufügen und alles zusammen im Mixer pürieren und servieren.

Avocadocrème
Kräuter-Walnuss-Naan
Kürbis-Brotaufstrich
Kartoffelcrème
Sonnenblumenkerne-Rucola-Pesto

DAS WÄRMENDE IM WINTER

UND WIE MAN DIE DOSHAS ZUR RUHE UND REFLEXION BRINGT

Winter bedeutet Beruhigung und Reflexion und ist Vata und zugleich Kapha zugeordnet. Alles verlangsamt sich. Die Landschaft mit Schnee und im winterlichen Sonnenlicht strahlt Ruhe und Gelassenheit aus. Es ist die Zeit, das Jahr zu reflektieren und Revue passieren zu lassen, das Kommende zu bedenken und sich für eine Neuorientierung zu öffnen. Die Raunächte dienen traditionellerweise dieser Läuterung und Klärung. Silvester schließt das Alte ab, der Neubeginn steht unmittelbar bevor.

Allerdings schwächen Kälte, Wind und Lichtmangel das Immunsystem. Der Körper neigt zu Erkältungserkrankungen und grippalen Infekten – die typischen Störungen für Vata- und Kapha-Konstitutionen.

Jetzt heißt es, der wahren und gefühlten Kälte mit Wärmendem zu begegnen. Südfrüchte liefern zwar das belebende Vitamin C, wirken aber kühlend. Deshalb sollte man sie meiden. Stattdessen eignen sich Chia- oder Brennnesselsamen, Sesam, Linse, Sauerkraut, Hagebutte, Schlehe, Berberitze, vitaminreicher Winterkohl, Wintersalat, Chicorée, Keimlinge, Wurzelgemüse. Dazu kommen idealerweise wärmende Gewürze wie Zimt, Anis, Ingwer, Chili, Galant.

Aufwand: gering

CHICORÉE-SALAT MIT GEBRANNTEN WALNÜSSEN

FÜR DEN CHICORÉE

4 Chicorée-Flöten	waschen, in mundgerechte Stücke schneiden und in eine Salatschüssel geben.
2 EL Kressekeimlinge	darüberstreuen.
120 g Walnusskerne	in eine Pfanne geben und unter Umrühren bräunen.
2 EL Rohrzucker	hinzufügen und Walnüsse karamellisieren lassen. Abgekühlt über den Salat geben.

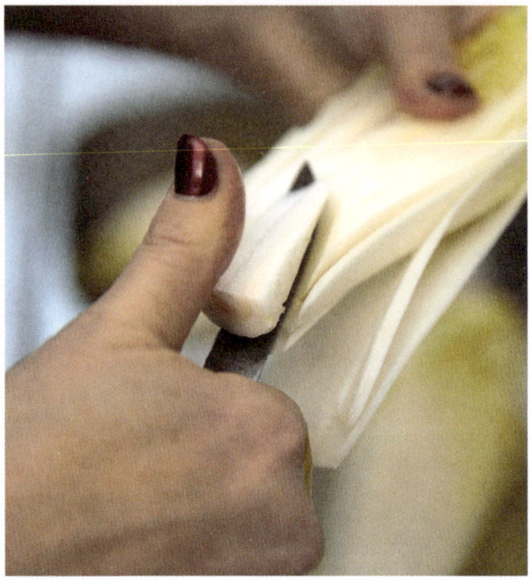

FÜRS BALSAMICO-HOLUNDER-DRESSING

2 EL weißen Balsamico	
1 TL Holunderblütensirup	
2 EL Distelöl	
2 EL Olivenöl	
1 TL Ursalz	
½ TL schwarzer Pfeffer	alles zu einer leicht dicklichen Vinaigrette verrühren und unmittelbar vor dem Anrichten über den Salat geben.

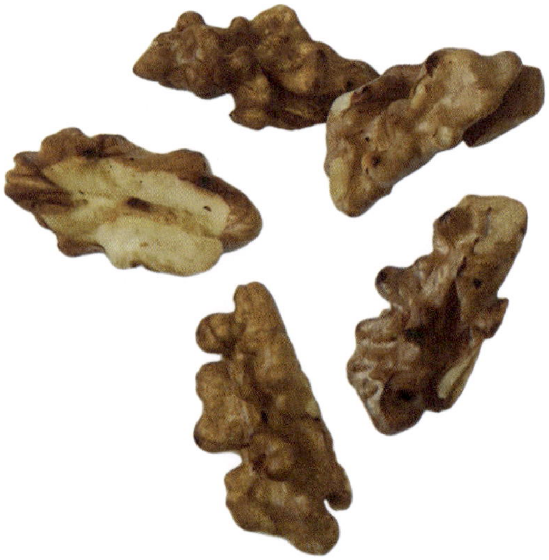

Tipp!

Walnüsse sind ein heimisches Super-Soul-Food mit vielen Vitalstoffen.

Mit gebrannten Mandeln eine wahrlich winterliche Delikatesse!

FELDSALAT MIT GRANATAPFELKERNEN

FÜR DEN SALAT

100 g Feldsalat	verlesen, waschen und trockenschleudern.
1 Granatapfel	aufbrechen und die Kerne herauslösen.
2 EL Sonnenblumenkerne	trocken in der Pfanne kurz anbräunen und abkühlen lassen. Dann alles in einer Salatschüssel zusammenfügen.

DISTEL-OLIVENÖL-BALSAMICO-DRESSING

2 EL Distelöl	
1 EL Olivenöl	
2 EL weißen Balsamico	
1 TL Salz	
½ TL Zucker	
½ TL Senf	
½ TL schwarzer Pfeffer	alles zu einer leicht dicklichen Vinaigrette verrühren und unmittelbar vor dem Anrichten über den Salat geben.

GUT ZU WISSEN!

Der Feldsalat wird auch Vogerl-, Nüssli-, Rapunzel- oder Ackersalat genannt. Es ist ein typischer Wintersalat und sehr mineralstoffreich.

Knackig, fruchtig, salatig!

Aufwand: höher

KASTANIENREIS MIT MÖHRENSPAGETTI, KOHLRÖSCHEN UND HÄHNCHEN

FÜR DEN KASTANIENREIS

40 g Reis	einweichen und anschließend kochen.
50 g Ess-Kastanien	garen, dann grob zerkleinern.
½ TL Garam-Masala (Seite 8)	
1 EL Gemüsebrühe (Seite 20)	alles zusammen unter den gekochten Reis mischen.

FÜRS KOKOS-HÄHNCHEN

1 mittelgroße Zwiebel	schälen und in kleine Würfel schneiden.
2 TL Ghee (Seite 16)	in einer Pfanne erhitzen.
2 Hähnchenfilets	in dicke Streifen schneiden und im Ghee anbraten.
1 EL Dinkelmehl	
2 EL Kokosflocken	
½ TL Ursalz	
1 Prise Xucker	
1 Messerspitze Chilipulver	dazugeben und kurz mitbraten lassen.
150 ml Kokosmilch	dazugeben und damit alles ablöschen.
2 EL Kokosflocken	drüberstreuen und anschließend servieren.

FÜRS KOHLRÖSCHEN

100 g Kohlröschen	putzen, waschen.
ca. 200 ml Wasser	
2 TL Gemüsebrühe (Seite 20)	zusammen um Kochen bringen und darin die Kohlröschen kurz bissfest dünsten, anschließend abgießen, aber die Gemüsebrühe aufbewahren für die Möhrenspagetti.
2 EL Ghee (Seite 16)	in der Pfanne erhitzen und die Kohlröschen kurz darin schwenken.

GUT ZU WISSEN!

Kohlröschen sind eine neue Züchtung. Kleine Sprossknospen wachsen am Haupttrieb in den Blattachseln, ähnlich wie beim Rosenkohl.

FÜRS MÖHRENSPAGETTI

200 g Möhren	putzen, schälen, mit Gemüseschäler in dünne Streifen schneiden.
ca. 200 ml Wasser	
2 TL Gemüsebrühe (Seite 20)	zusammen zum Kochen bringen und darin die Möhrenstreifen kurz bissfest garen, anschließend abgießen. Oder: Einzelne Portionshäufchen auf ein gefettetes Backblech geben und ca. 8 Minuten im Dampfgarer bissfest garen.
1 EL Ghee (Seite 16)	in der Pfanne erhitzen.
1 EL Dinkelmehl	zufügen und anrösten. Dann mit der Gemüsebrühe von den Kohlröschen (siehe oben) ablöschen.
ca. 2 EL Mandelmilch (Seite 134)	einrühren zu einer sämigen Soße.
Pfeffer, Ursalz	zugeben und abschmecken.

Aufwand: höher

PANCH-PURAN-KARTOFFELN MIT ÜBERBACKENEM PANEER UND DHAL

FÜR DIE PANCH-PURAN-KARTOFFELN

6 Kartoffeln	schälen, kochen.
2 EL Ghee (Seite 16)	in eine Pfanne geben.
1 – 2 TL Panch Puran (Seite 8)	dazugeben, springen lassen und sofort Deckel auflegen Kurz anbraten lassen, dann die Kartoffeln dazugeben und unter mehrmaligem Wenden anbraten.

PANEER-KNUSPER

1 EL Ghee (Seite 16)	zum Auspinseln der Form und Ofen auf 160 °C vorheizen.
Paneer (Seite 18)	von 1,5 Liter Milch, in Scheiben schneiden und in die Form einfüllen.
20 g in Öl eingelegte getrocknete Tomaten	
2 EL Kürbiskerne	
1 kleinen Rosmarinzweig	entnadeln und zusammen mit den anderen beiden Zutaten kleinhacken.
2 EL Sojasoße	
1 EL Sesamöl	
1 EL Balsamico-Essig	
¼ TL Pfeffer	
2 EL Buchweizen-Schrot (oder Maisgrieß)	alles hinzufügen, durchmischen und als Schicht auf den Paneer auftragen. Die Formen in den Ofen geben und 15 Minuten backen. Mit Rosmarinzweig dekorieren.

SCHARFES KICHERERBSEN-DHAL

300 g Kichererbsen	bereits einige Stunden vorher einweichen, dann mit Wasser bedecken.
1 kleine Chilischote	
1 TL Gemüsebrühe (Seite 20)	hinzufügen und ca. 25 Minuten gar kochen, dann Wasser abgießen.
1 EL Ghee (Seite 16)	in einer Pfanne erhitzen.
2 Frühlingszwiebeln	kleinschneiden und anrösten.
2 Tomaten	würfeln.
2 EL Ingwer	klein hacken.
2 TL Garam-Masala (Seite 8)	
2 TL Indische Gewürzmischung (Seite 8)	alles in die Pfanne hinzufügen. Dann die abgekochten Kichererbsen zufügen und fertig dünsten. Abschmecken und 10 Minuten ruhen lassen.

Aufwand: höher

GEDÄMPFTER CHICORÉE MIT DREIERLEI GEMÜSEWÜRFELN UND THUNFISCH

FÜR CHICORÉE UND GEMÜSEWÜRFEL

1 große Chicorée-Flöte	(oder 2 kleine) waschen, halbieren, salzen.
2 EL Sweet Chili	hinzufügen und das Ganze 30 Minuten marinieren. Backofen auf 160 °C vorheizen.
150 g lila Kartoffeln	
150 g helle Kartoffeln	jeweils würfeln.
2 Pastinaken	bürsten, in kleine Würfel schneiden.
2 EL Ghee (Seite 16)	auf ein Backblech geben und dieses einfetten. Dann Chicorée, Kartoffel- und Pastinakenwürfel je nach Sorten getrennt aufs Blech geben und im Backofen garen.

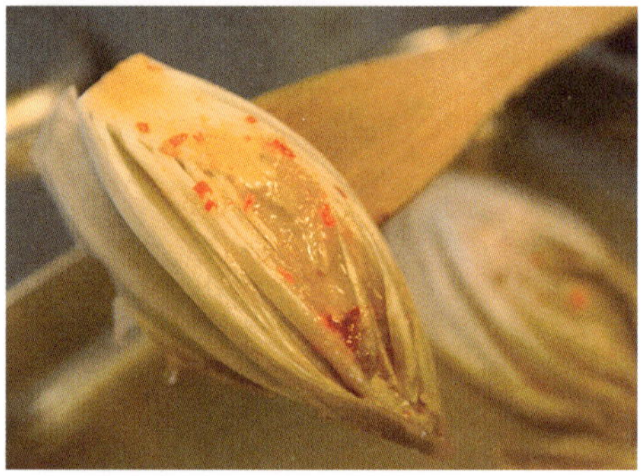

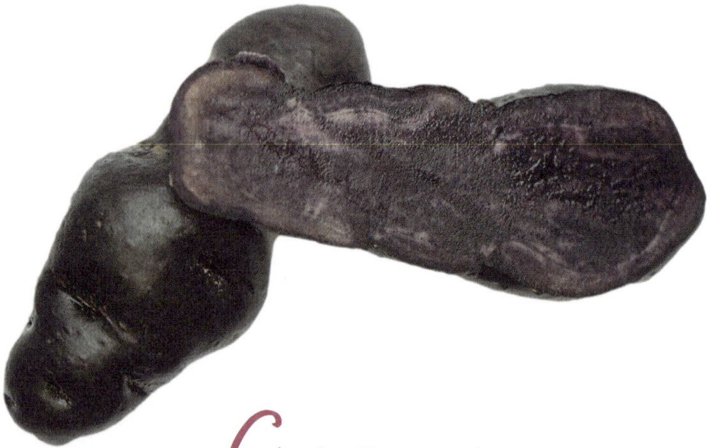

GUT ZU WISSEN!

Die violetten Kartoffeln sind noch relativ neu bei uns. Anthozyan, der natürliche blaurote Pflanzenfarbstoff, der auch in roten Trauben, Rotkohl oder Rote Bete vorkommt, ist für die Färbung verantwortlich.

FÜR DEN THUNFISCH

1 TL Ghee (Seite 16)	in einer Pfanne erhitzen.
200 g Thunfischfilet	würfeln.
1 TL Kräutersalz	
½ TL Kapha-Gewürz mischung (Seite 8)	alles zusammen im Ghee anbraten und gar ziehen lassen.
150 g Sprossenmischung	zufügen und kurz mitgaren.

Alles zusammen mit dem Chicorée und den Gemüsewürfeln großzügig auf einem Teller anrichten.

Das Auge isst mit!

Aufwand: gering

POMELO AUF SCHLEHEN-APFEL-SPIEGEL

FÜR DIE POMELO

½ Pomelo	schälen, wattige Umhüllung entfernen, in Spalten aufbrechen, dabei die bitteren Zwischenhäutchen entfernen.
1 EL Ghee (Seite 16)	in der Pfanne erhitzen.
2 EL Sesamsamen	hinzufügen und anrösten.
¼ TL Zimtpulver	
¼ TL Kardamompulver	
1 TL Früchte-Masala (Seite 8)	
1 EL Vanillezucker	in die Pfanne geben, umrühren, dann Pomelostücke dazugeben. Kurz unter Umrühren andünsten.

FÜRS SERVIEREN

¼ Glas Schlehen-Apfel-Marmelade (Seite 102)	in zwei Glasschälchen verteilen, die gedünsteten Pomelo verteilen.
1 EL Pistazienkerne	als Dekoration darüber geben und servieren.

Tipp!

Schlehen können bald nach den ersten tiefen Nachtfrösten geerntet werden, um sie zu dem vitaminreichen Schlehen-Apfel-Mus zu verarbeiten.

Eine gelungene Kombination,
Süßlich-Sinnliches mit Zitrusfrische.

MÖHREN-CHIASAMEN-KLÖSSCHEN AUF HAGEBUTTENMUS

FÜR DIE KLÖSSCHEN

15 g Nüsse	hacken.
2 Stiele Minze	fein hacken.
90 g Möhren	raspeln.
1 EL Zitronensaft	
25 g Chiasamen	
10 g Reisflocken	
1 TL Zimt	
3 EL Ahornsirup	
1 TL Früchte-Masala (Seite 8)	
100 ml Kokosmilch	Alle Zutaten vermischen und zwei Stunde quellen lassen.

FÜRS SERVIEREN

½ Glas Hagebuttenmus (Seite 102)	auf Glastellern zum Soßenspiegel verteilen. Dann mit einem Eisportionierer aus der Möhren-Chiasamen-Masse Nockeln formen und je einen auf den Teller platzieren.
1 EL Mandelblättchen	kurz in der Pfanne ohne Fett rösten und als Dekoration auf den Tellern verteilen.

Tipp!

Wer bereits im Herbst aus den Rosenfrüchten das köstliche Hagebuttenmus zubereitet hat, kann bei diesem Dessert schnell darauf zurückgreifen.

Hier harmonieren die Aspekte gesund und lecker!

Aufwand: mittel

BITTERMANDEL-EIS MIT KUMQUATKOMPOTT

FÜRS BITTERMANDELEIS

30 g Walnüsse	
30 g Mandeln	beides hacken.
1 TL Ghee (Seite 16)	in einer Pfanne erhitzen, die Nüsse hinzugeben und anrösten.
1 EL Zucker	hinzufügen und kandieren lassen. Dann auskühlen lassen und die kandierten Stücke in kleine Teile brechen.
200 g Vanille-Sahnejoghurt	
1 TL Bittermandelöl	
½ TL Zimtpulver	
½ Kardamompulver	miteinander verrühren, sowie die kandierten Nüsse untermischen. In eine Backform geben und einfrieren oder in der Eismaschine zubereiten. Ca. 15 Minuten vor dem Verzehr aus dem Eisfach nehmen, in Scheiben schneiden oder Kugeln ausstechen und zusammen mit dem Kumquatkompott servieren.

FÜRS KUMQUAT-KOMPOTT

10 Kumquats	heiß abwaschen, Stielansatz entfernen, halbieren, entkernen, vierteln.
1 TL Ghee (Seite 16)	in einer Pfanne erhitzen.
½ TL Früchte-Masala (Seite 8)	
3 EL Orangensaft	sowie die Kumquats hinzufügen. 2 Minuten bei schwacher Hitze dünsten. Zusammen mit dem Bittermandeleis anrichten.

Tipp!

Die Zitrusfrüchte immer kurz in der Pfanne dünsten, dann sind sie besser bekömmlich und passen in das winterliche Ayurveda.

Festliches Dessert für die winterlichen Feiertage.

Aufwand: mittel

PETERSILIENWURZELSUPPE MIT PETERSILIEN-PESTO

FÜR DIE SUPPE

2 Schalotten	
4 mittelgroße Petersilienwurzeln	schälen und in dünne Scheiben schneiden.
1 EL Ghee (Seite 16)	in der Pfanne erhitzen, Gemüsescheiben zufügen und anschwitzen lassen.
1 TL Rohrzucker	
1 TL Chinesische Gewürzmischung	beides drüberstreuen und leicht karamellisieren lassen.
400 ml Gemüsebrühe (Seite 20)	dazu gießen und alle bei mittlerer Hitze zugedeckt ca. 20 Minuten köcheln lassen.
½ EL Zitronensaft	
½ TL weißen Pfeffer	zufügen und alles mit einem Mixstab sehr fein pürieren, abschmecken und in Suppenteller verteilen.

FÜRS PETERSILIEN-PESTO

1 Bund glatte Petersilie	waschen, 1 bis 2 Minuten in heißem Wasser blanchieren und sofort in kaltem Eiswasser abschrecken und grob zerkleinern.
50 g Mandeln	
1 EL Olivenöl	
1 TL Salz	
1 Knoblauchzehe	alles zusammen in einen Mixer geben und pürieren.
6 Wachteleier	ca. 4 Minuten hart kochen, pellen und halbieren. Dann das grüne Petersilienpesto in den Tellern verteilen, weiße Petersiliensuppe vorsichtig seitlich einfüllen, mit halbem Wachtelei dekorieren und servieren.

Tipp!

Suppe und Pesto lassen sich in größerer Menge leicht und zeitsparend auch im Thermomix zubereiten!

Aufwand: mittel

SAUERKRAUTSUPPE MIT MUNGBOHNENKEIMLINGEN

FÜR DIE SUPPE

½ l Wasser	erhitzen.
2 EL Gemüsebrühe (Seite 20)	zugeben, einrühren und kurz köcheln lassen.
150 g Mungbohnen	hinzufügen und leicht vorgaren.
1 EL Ingwer	
1 kleine Chilischote	beides fein hacken.
1 Zwiebel	schälen und fein hacken.
1 Karotte	
2 Kartoffeln	alles putzen, ggf. schälen und in mundgerechte Stücke schneiden.
1 EL Ghee (Seite 16)	in einer Pfanne erhitzen.
1 TL Kapha-Gewürzmischung (Seite 8)	dazugeben und anschwitzen, erst Gewürze, dann die Gemüsewürfel hinzufügen und andünsten. Dann Mungbohnen mit Flüssigkeit hinzufügen.
300 g Sauerkraut	hinzugeben und ca. 15 Minuten köcheln lassen, bis die Kartoffeln weich sind.
½ TL Asa foetida (Seite 8)	hinzufügen.
½ Bund Petersilie	
1 Tomate	beides hacken bzw. kleinschneiden, zufügen, alles abschmecken und servieren.

Gut zu wissen!

Mungbohnen sind nach Ayurveda die vollwertigsten Hülsenfrüchte, vor allem, wenn sie angekeimt sind.

Dank Sauerkraut –
Vitamin C in der Suppe!

Aufwand: gering

CHICORÉESUPPE MIT GEBRATENEM RADICCHIO UND PILZEN

FÜR DIE SUPPE

4 Chicorée-Flöten	waschen, in kleine Stücke schneiden. Zuerst die unteren Teile im Thermomix erhitzen und mixen. Etwas später die zarteren Spitzen hinzufügen.
1 Kartoffel	vom Vortag bereits gegart.
½ l Milch	
½ TL Vata-Gewürzmischung (Seite 8)	
1 TL Salz	
½ TL Pfeffer	
2 EL Olivenöl	alles zufügen.

FÜRS SERVIEREN

1 TL Ghee (Seite 16)	in der Pfanne erhitzen.
6 Champignons	sehr dünn blättrig schneiden, in die Pfanne geben und ca. 2 Minuten anbräunen lassen. Suppe in Schalen füllen, die Pilze darauf verteilen.
¼ Radicchio	in Streifen schneiden, auf der Suppe verteilen und servieren.

Tipp!

Im Thermomix ist diese Suppe im Handumdrehen erstellt. Aber auch im herkömmlichen Zubereitungsstil ist dies ein schnell gekochtes Gericht.

GRÜNKOHL-BROTAUFSTRICH UND PETERSILIENWURZEL-HUMUS

FÜR DEN GRÜNKOHL-BROTAUFSTRICH

100 g Grünkohl	kurz blanchieren und klein hacken.
1 Knoblauchzehe	
1 EL Nusskerne	
1 EL heller Sesam	
1 EL Orangensaft	
4 – 6 EL Öl	
Salz	
Pfeffer	
½ TL Gemüse-Masala (Seite 8)	alles zusammen mit dem Grünkohl vermengen, in einem Mixer geben, pürieren, dann servieren oder in einem Schraubgefäß einige Tage im Kühlschrank aufbewahren.

FÜR DEN PETERSILIENWURZEL-HUMUS

125 g Petersilienwurzeln	säubern, schälen und in etwas Wasser oder Milch weichkochen.
15 g rote Linsen	am Vortag weichgekocht.
½ Zwiebel	kleinschneiden.
1 TL Ghee (Seite 16)	in einer Pfanne erhitzen und Zwiebeln darin andünsten.
½ Garam-Masala (Seite 8)	(alternativ ½ TL Muskatpulver)
½ EL Tahin	
1 EL Zitronensaft	
150 ml Wasser	alles zusammen in einen Mixer geben, pürieren und in eine Schale füllen.

Tipp!

Dip und Brotaufstrich passen gut zu Körner- oder Knäckebrot.

Hier zeigt sich der Grünkohl
mal ganz ungewohnt!

Aufwand: höher

GANESHA-STOLLEN

FÜR DEN STOLLEN

200 ml Kokosmilch	im Topf erhitzen.
100 g getrocknete Kokosflocken	darin 15 Minuten einweichen (alternativ das Kokosfleisch einer frischen Nuss raspeln und einweichen). Dann abtropfen lassen.
100 g Buchweizenmehl	
50 g Maismehl	
50 g Hanfmehl	
2 TL Backpulver	
2 TL Früchte-Masala (Seite 8)	
100 g Nussmischung	grob hacken.
150 g Datteln	entsteinen, in feine Streifen schneiden.
100 ml Ahornsirup	(alternativ Holundersirup). Alle Zutaten gut mischen und verkneten zu einem Teig mit leicht zäher Konsistenz, ggf. etwas Wasser hinzufügen. Backofen auf 180 °C vorheizen. Kleine gefettete Springform mit etwas Maisgries bestreuen und Teig hineingeben, glattstreichen. Alternativ den Teig auf ein gefettetes Backblech streichen und ca. 30 – 40 Minuten backen. Im noch warmen Zustand in längliche Rechtecke schneiden und auskühlen lassen.

Gut zu wissen!

Die Datteln machen den Stollen saftig und fruchtig. Deshalb sollte man hiermit nicht zu sparsam umgehen.

Stück für Stück -
einfach verführerisch!

AYURVEDA PUR
Ayurvedische Energiekugeln

SNACKS UND DRINKS

WEIL'S ZWISCHENDURCH AUCH GENUSSVOLL SEIN SOLL

Die Anzahl der täglichen Mahlzeiten wird immer wieder sehr kontrovers diskutiert. Vielen Menschen genügen die Hauptmahlzeiten, manche müssen „zwischengefüttert" werden, damit ihre Zuckerwerte und manchmal auch ihre Stimmung oben bleiben. Dann aber sollten Zwischenmahlzeiten wenigstens gesund sein, keinen übermäßigen Zuckeranteil aufweisen und dennoch genussvoll sein.

Aus diesem Grund haben wir hier leckere Kleinigkeiten zum Knabbern aber auch zum Trinken zusammengestellt, die schnell Energie spenden und gleichzeitig über den „kleinen Hunger zwischendurch" hinweghelfen.

Wer mag, kann die Rezepte mit eigenen Zutaten abwandeln. Viele Leckereien eignen sich auch vorzüglich als kleines Mitbringsel oder gesundes Geschenk!

Übrigens, was die Haltbarkeit betrifft, die meisten Snacks lassen sich auch gut aufheben, am besten natürlich gekühlt. Aber ehrlich gesagt, wir haben sie immer vor dem „Verfallsdatum" aufgegessen, weil sie so fein schmecken! Auf Vorrat zu produzieren, macht somit bestimmt Sinn. Und die Drinks sind einfach direkte Genussmomente!

Man muss es einfach selbst ausprobieren, ein bisschen experimentieren und bewusst genießen.

Aufwand: mittel

GEWÜRZ-HAFERKEKSE

50 g kernige Haferflocken	
50 g weiche Haferflocken	
100 g Vollrohrzucker	(alternativ Palmblütenzucker)
1 TL Früchte-Masala (Seite 8)	
1 TL Golden-Milk-Gewürzmischung	(oder Anis, Fenchel)
1 TL Backpulver	
3 EL Dinkel-Vollkorn-Mehl	zusammen in einer Schüssel vermengen.
70 g Butter	hinzugeben, gut durchrühren.
1 Ei	dazugeben und kräftig rühren bis ein glatter, fester Teig entstanden ist, ggf. noch Haferflocken untermischen. Den Teig zu einer 2 cm Durchmesser dicken Rolle formen und in ca. 1 cm dicke Scheiben schneiden. Diese auf ein mit Backpapier ausgelegtes Backblech geben und bei 225 °C etwa 7 Minuten goldgelb backen.

Tipp!

Wie alle diese gut haltbaren Snacks bilden sie auch liebevolle Präsente, mit denen man anderen eine Freude bereiten kann.

ENERGIEKUGELN

200 g Trockenfrüchte	z. B. Datteln, Feigen, Pflaumen, Rosinen etc. in kleine Würfel schneiden.
200 g Nussmischung	z. B. Mandeln, Haselnüsse etc. teils mahlen, teils in kleine Stücke hacken.
50 – 100 ml Holundersirup	(oder Agavendicksaft)
1 TL Früchte-Masala	
1 EL Buchweizenmehl	alles miteinander mischen und zu einem festen, leicht klebrigen Teig vermengen. Daraus kleine Kugeln formen.
4 EL Kokosflocken	
4 EL Carobpulver	jeweils die Hälfte der Kugeln darin wenden, dann servieren.

Gut zu wissen!

Was ist Carobpulver?
Carobpulver ist eine gute Alternative zu Kakaopulver. Carob ist das geröstete und fein gemahlene Fruchtmark der Carobfrüchte. Sie wachsen am Johannisbrotbaum. Als wichtige Wirkstoffe sind das Beta-Karotin, Calcium und Eisen zu nennen. Es hat keine anregenden Wirkstoffe, so dass es vor allem bei Vata-Ungleichgewichten zu empfehlen ist.

Aufwand: mittel

VITALKEKSE

50 g kernige Haferflocken	
200 g Samen-Nuss-Mix	z. B. Kürbiskerne, Sesamsamen, Sonnenblumenkerne, Leinsamen, auch gerne gehackte Nüsse.
50 g Rosinen	oder Trockenfrüchte gehackt.
	Backofen auf 180 °C (160 °C Umluft) vorheizen.
1 Ei	
2 EL flüssigen Honig	alles verquirlen, zu den Saaten geben und gut verrühren. Auf ein mit Backpapier ausgelegtes Backblech mit Hilfe von zwei Teelöffeln kleine Häufchen setzen. Im Ofen 12 Minuten backen. Auf dem Blech auskühlen lassen.

Tipp!

Viele der hier genannten Saaten enthalten Antioxidantien und somit lebenswichtige und gesunde Bestandteile, die die Widerstandskraft sogar gegen Krebs stärken.

ALEXANDRAS GEWÜRZNÜSSE UND PETERSILIENWURZEL-CRACKER

ALEXANDRAS GEWÜRZNÜSSE

200 g Nussmischung	z. B. Walnüsse, Cashewnüsse, Mandeln, Haselnüsse, Erdnüsse etc. Diese ohne Fett in der Pfanne rösten.
1 Knoblauchzehe	pellen, zerdrücken.
½ EL Ghee (Seite 16)	
1 TL Salz	
1 TL Indische Gewürzmischung (Seite 8)	in einer zweiten Pfanne erwärmen. Nüsse hinzufügen und gut vermengen.
2 EL Zucker	gleichmäßig über die Nüsse streuen und alles leicht karamellisieren lassen. Die Pfanne rechtzeitig vom Herd nehmen, bevor alles zu dunkel wird und anbrennt.
2 Triebe Rosmarin	„entnadeln", diese Nadeln fein hacken, sofort gleichmäßig über die Nüsse verteilen und nicht mehr umrühren, bis die Nüsse kalt sind.

PETERSILIENWURZEL-CRACKER

½ Zwiebel	schälen und klein hacken.
1 TL Ghee (Seite 16)	in der Pfanne erhitzen und Zwiebel andünsten.
150 g Petersilienwurzel	kleinschneiden, würfeln und mitdünsten.
15 g rote Linsen	am Vortag weichgekocht.
85 g Nüsse	fein hacken.
1 Knoblauchzehe	fein hacken.
15 g Leinsamensaat	
1 EL schwarzer Sesamsaat	beides 2 Stunden vorher mit etwas Wasser einweichen lassen.
½ TL Tahin	
½ TL Muskatpulver (oder Garam-Masala, Seite 8)	
2 TL Indische Gewürzmischung (Seite 8)	
½ TL Salz, etwas Pfeffer	
1 EL Zitrone	
150 ml Wasser	

Alle Zutaten in einen Mixbecher geben, pürieren und abschmecken. Das fast trockene Püree zu einer 4 cm dicken Rolle formen, diese ca. 1 Stunde im Kühlschrank kühlen. Dann 0,5 cm dicke Scheiben abschneiden, diese auf ein mit Backpapier ausgeschlagenes Backblech setzen und im vorheizten Backofen ca. 80 Minuten bei 70 °C leicht gelbbraun trocknen bzw. rösten lassen, alternativ 20 Minuten bei 150 °C.

Aufwand: gering

GIERSCH-SMOOTHIE

50 g Giersch	waschen und sehr fein hacken.
1 Apfel	entkernen, kleinschneiden.
½ Mango	schälen, kleinschneiden.
4 Datteln	entkernen, kleinschneiden.
2 EL Vollrohrzucker	(oder 4 EL Holunderblütensirup)
400 ml Wasser	alles zusammen in einen Mixer geben und dickflüssig pürieren, ggf. Flüssigkeit nachgießen.
2 TL Honig	nach Bedarf hinzufügen, dann in Gläser füllen und servieren.

Tipp!

Giersch findet sich bei uns nahezu allerorten als sogenanntes Un-Kraut. Zu unrecht! Das an Petersilie erinnernde Wildkraut ist besonders im Frühling sehr gesund und wirkt entschlackend.

CHAI (YOGI-TEE)

½ l Wasser	zum Kochen bringen.
2 TL grüner Tee oder Schwarztee	
1 TL Ingwer	hacken.
5 Nelken	
2 Zimtstangen	
5 Kardamomkapseln	
4 Sternanis	alles hinzugeben und kurz mitkochen lassen.
½ l Milch	hinzugeben, aufkochen. Dann Topf vom Feuer nehmen und 10 bis 30 Minuten ziehen lassen, dann absieben.
2 – 3 EL Palmzucker	(oder brauner Rohrzucker) je nach Geschmack als Süße hinzufügen und servieren.

Tipp!

Die Gewürze können ein zweites Mal wiederverwendet, d. h. erneut ausgekocht werden. Zerkleinert man sie dafür in einer Mühle, geben sie noch mehr Aroma ab. Statt Grün- oder Schwarztee kann man auch Kräutertee verwenden.
Übrigens: Die Chai-Gewürzmischung gibt es ebenfalls fertig kombiniert im Handel zu kaufen.

Aufwand: mittel

QUITTEN-HAGEBUTTEN-LASSI

1 Quitte	schälen, in Würfel schneiden und in etwas Wasser dünsten. Alternativ auf 5 EL vorgekochtes Quittengelee (Seite 102) zurückgreifen.
3 EL Hagenbutten-mousse (Seite 102)	Stattdessen kann man auch einfach nur eine reife Mango schälen und in Stücke schneiden.
250 g Naturjoghurt	
250 ml Mineralwasser	
1 EL Agavendicksaft	alles zusammen im Mixer oder Thermomix pürieren, in Gläser ausschenken und servieren.

Tipp!

Noch einfacher und schneller geht es mit Himbeeren, Erdbeeren oder Mangostücken.